Piers Compton

LA CROIX BRISÉE
La main cachée au Vatican

Piers Compton

Piers Compton (1901-1986) était un prêtre catholique, journaliste et auteur. Il a été rédacteur littéraire pour *The Universe* et a écrit plusieurs livres, dont *Broken Cross*, qui critiquait les changements survenus dans l'Église catholique après le concile Vatican II.

La croix brisée — La main cachée au Vatican

The Broken Cross — The Hidden Hand in the Vatican

Publié pour la première fois en Grande-Bretagne en 1983

Traduit et publié par
Omnia Veritas Limited

OMNIA VERITAS®

www.omnia-veritas.com

© Omnia Veritas Ltd — 2025

Tous droits réservés. Aucune partie de cette publication ne peut être reproduite par quelque moyen que ce soit sans l'autorisation préalable de l'éditeur. Le code de la propriété intellectuelle interdit les copies ou reproductions destinées à un usage collectif. Toute représentation ou reproduction, totale ou partielle, par quelque moyen que ce soit, sans le consentement de l'éditeur, de l'auteur ou de leurs ayants-droits, est illicite et constitue une contrefaçon sanctionnée par les articles du Code de la propriété intellectuelle.

PREMIÈRE PARTIE 11
   2. 13
   3. 15
   4. 17
   5. 24
   6. 27
   7. 30
   8. 37
   9. 42
DEUXIÈME PARTIE 45
   2. 47
   3. 56
   4. 59
   5. 62
TROISIÈME PARTIE 65
   2. 70
   3. 73
   4. 76
   5. 79
   6. 85
   7. 91
   8. 94
QUATRIÈME PARTIE 97
   2. 103
   3. 106
CINQUIÈME PARTIE 111
   2. 117
SIXIÈME PARTIE 125
   2. 128
   3. 135
SEPTIÈME PARTIE 139
   2. 146
HUITIÈME PARTIE 149
   2. 152
   3. 160
   4. 163
   5. 165
PARTIE NEUF 166
   2. 170
   3. 176
DIXIÈME PARTIE 192
   2. 196
   3. 199
   4. 206
ONZIÈME PARTIE 207
DOUZIÈME PARTIE 213

2	217
PARTIE TREIZE	**218**
2	222
3	225
4	234
QUATORZIÈME PARTIE	**235**
2	243
3	246
Annexe	248
La mort étrange de Roberto Calvi	*248*
Fin	253
Bibliographie	255
Autres titres	259

Première partie

Que reste-t-il quand Rome périt ?
Quand Rome tombe, le monde suit.

Virgile. Byron.

Ses prétentions étaient monstrueuses. Elles dépassaient l'entendement humain. Car elle prétendait être la seule voix divine et faisant autorité sur terre ; elle enseignait, jugeait et affirmait, toujours sur le même ton autoritaire, convaincue que son message survivrait aux phénomènes éphémères que sont le doute, le changement et la contradiction. Elle se dressait, solide, tel un édifice de vérité derrière les remparts de la vérité, défiant les attaques multiples et variées lancées par ses ennemis. Car elle revendiquait une force qui ne lui était pas propre, une force vitale et une vigueur qui lui étaient conférées par un pouvoir qui ne pouvait se trouver ailleurs ; et parce qu'elle ne pouvait être comparée à aucune chose terrestre, elle suscitait la peur, la perplexité, la moquerie, voire la haine.

Mais au fil des siècles, elle n'a jamais vacillé ; elle n'a jamais abandonné un seul élément de son héritage prodigieux ; elle n'a jamais laissé apparaître la moindre fissure dans son manteau d'intolérance tant raillé. Elle inspirait la dévotion et l'admiration même chez ceux qui méprisaient sa discipline mentale. Elle s'élevait au-dessus des conjectures, des probabilités, des vraisemblances ; car la Parole sur laquelle elle avait été fondée était aussi la garantie de sa permanence. Elle apportait la seule réponse à la question immémoriale — : qu'est-ce que la vérité ?

[1] L'un de nos essayistes a raconté, comme beaucoup de nos écoliers le savaient, sa place dans l'histoire ; comment elle a vu le début, comme elle était susceptible de voir la fin, de nos systèmes mondains ; et comment, dans le temps à venir, une arche brisée du pont de Londres pourrait fournir un point d'appui à partir duquel un voyageur « pourrait esquisser les ruines de Saint-Paul ».

Mais il resterait monumental, unique, symbolisant comme il l'a fait la persévérance dans cette vie et l'accès à une éternité au-delà d' —, d'un rocher et d'une clé.

C'était l'Église catholique.

Mais aujourd'hui, même les esprits irréligieux ont pris conscience que tout cela a changé. L'Église a baissé sa garde, renoncé à ses prérogatives, abandonné ses fortifications ; et ces pages ont pour but d'examiner comment et pourquoi cette transformation, jusqu'alors considérée comme impossible par ses partisans — et même par certains de ses détracteurs —, a pu se produire.

---

[1] Lord Macaulay à propos de *l'Histoire politique des papes* de von Ranke, en 1840.

2.

Ce qui suit est écrit, dans un but précis, du point de vue d'un catholique traditionnel et toujours pratiquant. Les sentiments exprimés ici ont pour but de souligner les hérésies, les nouveautés et les profanations qui, au nom d'une religion réformée ou « actualisée », ont laissé l'Église en lambeaux à travers le monde.

Il existe un sentiment général que notre civilisation est en danger mortel. Il s'agit d'une prise de conscience récente, totalement différente des anciennes craintes évangéliques selon lesquelles le monde, conformément à certaines prophéties bibliques, touche à sa fin ; des craintes qui ont perdu beaucoup de leur simplicité d'antan et sont devenues plus réelles depuis la menace d'une guerre nucléaire. Mais la fin de notre civilisation a des implications plus sinistres que la destruction effective d'une planète, qu'elle soit provoquée par un « acte de Dieu » ou par une frénésie de folie totale de la part de l'homme.

Car la civilisation décline lorsque la raison est bouleversée, lorsque la mesquinerie et la bassesse, la laideur et la corruption sont présentées comme la norme des expressions sociales et culturelles ; ou, pour rapprocher cela de notre propos, lorsque le mal, sous divers masques, prend la place du bien.

Nous, qui appartenons à cette génération, selon notre âge et notre tempérament, sommes devenus les victimes consentantes, inconscientes ou rancunières d'une telle convulsion. D'où ce sentiment de futilité qui nous envahit, cette impression que l'homme a perdu foi en lui-même et en l'existence dans son ensemble.

Il est vrai, bien sûr, que chaque époque a connu les revers de la guerre, de la révolution et des catastrophes naturelles. Mais jamais auparavant l'homme n'avait été laissé sans guide ni boussole, sans l'assurance que lui procurait la pression d'une main en laquelle il avait confiance. Il est, dans de trop nombreux cas, un être isolé, coupé de la réalité, sans le réconfort d'un art valable ou d'un héritage traditionnel ; et, ce qui est le plus fatal, diraient les orthodoxes, sans religion.

Or, il était autrefois admis dans la vision catholique que l'Église avait créé notre civilisation, avec les normes éthiques et le grand corpus de révélations dont dépendent l'attitude et la destinée de l'homme.

Il s'ensuit donc, une fois cette proposition acceptée, que tout déclin de l'Église doit se traduire par un déclin similaire de la civilisation qu'elle a favorisée ; et un tel déclin, comme en témoignent les expressions morales et culturelles de notre époque, est visible partout.

C'est ainsi que la simple mention de la religion suscite un rejet automatique de la part d'hommes qui n'ont jamais réfléchi à l'enseignement ou à la pratique de l'Église, mais qui estiment qu'elle devrait d'une manière ou d'une autre remédier à l'érosion généralisée ou la contrôler. Ils éprouvent du mépris (et le mépris est un virus plus mortel que le scepticisme) pour l'incapacité de l'Église à faire face à des conditions qui exigent une action vitale ; pour sa disposition à suivre le courant en ne s'élevant pas contre la subversion, voire en l'encourageant ; pour sa prédication d'une version édulcorée de l'humanisme au nom de la charité chrétienne ; pour la manière dont, après avoir été les ennemis inflexibles du communisme, les dirigeants cléricaux au plus haut niveau ont pris part à ce qu'on appelle le « dialogue » avec ceux qui cherchent non seulement la chute de l'Église, mais aussi la ruine de la société tout entière ; pour la manière dont elle a renoncé à son credo autrefois fièrement défini en admettant qu'il y a plus de dieux dans le ciel et sur la terre que n'en rêvait la philosophie de son fondateur.

Ce résumé des doutes nous ramène à la question posée au début de notre enquête — : qu'est-ce qui a provoqué les changements dans l'Église ?

3.

Toute révolution, comme la Révolution française ou la Révolution russe, doit entrer en collision frontale avec deux institutions : la monarchie et l'Église. La première, aussi profondément enracinée soit-elle dans la lignée et les rites sacramentaux, peut être totalement éliminée d'un seul coup. Mais la religion d'un peuple, aussi imparfaite soit-elle devenue, ne peut être aussi facilement supprimée par une force exercée de l'extérieur.

La monarchie vit de l'acceptation, de la coutume et d'un processus de reconnaissance qui peut être mis fin d'un coup de couteau ou d'un coup de fusil. Mais la religion, et en particulier la religion chrétienne, même si elle est discréditée et méprisée, a jusqu'à présent conservé en elle les germes de sa résurrection. À maintes reprises, elle a été condamnée à mort ; à maintes reprises, elle a survécu à son bourreau. On peut considérer comme acquis qu'elle continuera à le faire, mais la question de savoir si elle survivra sous sa forme ancienne, sans entraves, avec son prestige, sa voix infaillible et son autorité, est une autre affaire.

Certains rejetteront cette suggestion comme impensable. D'autres, tout en reconnaissant que l'Église a sanctionné ici et là un changement d'orientation, y verront une partie du plan divin ; et seuls quelques-uns, puisque notre peuple a pris l'habitude de rejeter la simple mention d'une conspiration, y verront l'aboutissement d'un complot délibéré et séculaire visant à détruire l'Église de l'intérieur. Pourtant, il existe plus de preuves de toutes sortes de l'existence d'une telle conspiration que de certains faits historiques communément acceptés.

En raison de ce qui suit, il convient de rappeler que l'esprit britannique moyen n'apprécie guère l'idée d'un « complot ». Le mot lui-même évoque un décor théâtral, où des hommes vêtus de capes épaisses se réunissent dans une pièce sombre pour planifier la destruction de leurs ennemis de l'. Mais les intrigues secrètes, cachées pour l'essentiel à l'esprit des universitaires comme à celui du public, ont été la toile de fond ou le moteur d'une grande partie de l'histoire mondiale.

Le monde de la politique est en proie à des cliques qui s'affrontent, comme le montrent clairement les failles que l'on constate dans les versions officielles de la Conspiration des poudrières, de l'assassinat d'Abraham Lincoln en 1865, de celui de l'archiduc François-Ferdinand d'Autriche à Sarajevo en 1914, de la noyade de Kitchener en 1916, l'assassinat du président américain, en 1963, et, plus près de nous, la mort mystérieuse du pape Jean-Paul Ier, dont il sera question plus loin dans cet ouvrage.

4.

L'Église a toujours été la cible d'hommes antireligieux qui voient dans son existence une menace pour leur progrès et leurs desseins. Et j'utilise le mot « toujours » à dessein, car les complots contre l'Église remontent à l'an 58 après J.-C., dans les paroles prononcées par saint Paul au peuple d'Éphèse (et Paul, pharisien de formation, savait de quoi il parlait lorsqu'il mettait en garde contre la subversion) : « Après mon départ, des loups redoutables s'élanceront parmi vous, qui n'épargneront pas les brebis ; et parmi vous-mêmes, des hommes s'élèveront pour dire des choses pernicieuses, afin d'entraîner les disciples après eux. »

La soif de domination mondiale, que ce soit par la force des armes, la culture ou la religion, est aussi vieille que l'histoire. Les premiers témoignages, sans tenir compte des mythes ou même des légendes, en apportent la preuve. L'Égypte, qui a d'abord dominé la pensée et la vision du monde oriental, n'a jamais été un État purement militaire. Mais une ère guerrière a émergé (que l'on peut dater d'environ 910 avant J.-C.) avec « l'Assyrie la Terrible ». L'ascension de Babylone, de courte durée, a été suivie par celle de la Perse, sous Cyrus le Grand. Puis vint un nom qui n'a jamais cessé d'être synonyme d'un vaste empire et de la domination du monde connu, Rome. Mais toutes ces puissances, outre leur souci de conquérir des territoires, visaient également à imposer un credo politique ou social, à renverser une croyance dominante et à en élever une autre, un processus que les anciens associaient à l'influence des dieux.

La propagation de l'hérésie arienne, qui divisa la chrétienté tout au long du IVe siècle, marque un tournant. Elle présentait tous les symptômes de la révolution, de l'anarchie, de la trahison et de l'intrigue. Mais sa cause profonde n'était pas politique. Son ressort était religieux, voire théologique, puisqu'elle reposait sur une phrase inventée par Arius, le prêtre alexandrin, qui donna son nom au mouvement : « Il a dû y avoir un temps où le Christ n'était pas ».

Cette dénégation de la divinité et de la nature du Christ, si elle avait été poussée jusqu'à sa conclusion logique, aurait plongé le monde centré sur Rome dans un état négatif dans lequel l'Europe telle que nous la connaissons n'aurait eu aucun avenir. Mais Rome a survécu, comme lieu de vénération pour certains, comme cible pour d'autres ; et ce que nous considérons aujourd'hui comme le monde médiéval était rempli des répercussions de cette même lutte.

Avec la consolidation de Rome en tant que puissance papale, l'objectif devint une réalité plus concrète, dont le but ne fut jamais remis en question et resta toujours le même, quelle que soit l'interprétation temporelle ou nationale qui lui fut donnée.

Car les yeux des hommes, qu'ils soient en France, en Italie, en Espagne, en Angleterre ou en Allemagne, étaient rivés sur le trône de Pierre, un objet de controverse qui s'est révélé plus puissant que l'or dans les esprits.

Telle était la situation à Rome au cours du premier quart du XIIe siècle, lorsque deux familles rivales, les Pierleoni et les Frangipani, se disputaient le pouvoir. Toutes deux étaient riches, les Pierleoni immensément, aucune n'était trop scrupuleuse, et lorsque le pape Calliste II mourut en 1124, les deux familles présentèrent un candidat au trône papal. Le candidat des Pierleoni, Anaclet, « n'était pas bien vu, même par ses amis ». Mais il réussit à l'emporter sur son rival, soutenu par les Frangipani.

Le règne d'Anaclet fut court et impopulaire, mais il s'accrocha dangereusement au pouvoir jusqu'à sa mort en 1138, lorsqu'il fut déclaré antipape en faveur d'Innocent II. C'est ainsi qu'une clique organisée, même si ce ne fut que brièvement, prit le contrôle du Vatican où elle installa « son homme », un aboutissement recherché qui figurait dans l'esprit des conspirateurs internationaux jusqu'à ce qu'il se réalise à notre époque.

Il est curieux de constater que l'homme est plus disposé à souffrir pour des idées, aussi grossières soient-elles, que pour des causes positives qui affectent son mode de vie ; et lorsque l'hérésie séculaire du gnosticisme a relevé la tête dans la petite ville d'Albi, dans le sud de la France, au début du XIIIe siècle, les hommes s'y sont ralliés comme autrefois ils devaient s'engager dans une croisade. Mais cette fois, ses principes étaient plus extrêmes que ceux de n'importe quel guerrier chrétien. La matière était déclarée mauvaise ; la mort, qui signifiait la fin de la matière, devenait donc plus désirable que la vie. Le suicide, souvent provoqué par des hommes qui se laissaient mourir de faim, eux et leur famille, était un privilège et une bénédiction ; et les fondements mêmes de l'Église, avec le trône papal, étaient ébranlés, alors que des centaines de membres du clergé, accompagnés d'autant de religieuses, se rangeaient du côté qui avait plus de connotations politiques et philosophiques qu'il n'apparaît dans de nombreux récits de l'époque.

Ce fut une lutte à mort dans laquelle l'Église, sous le pape Innocent III, réagit violemment en instituant l'Inquisition. Son but était d'examiner les Albigeois qui, se prétendant orthodoxes, étaient entrés dans l'Église et occupaient certaines de ses places les plus élevées afin de saper son autorité et d'instaurer, dans tous les domaines, un système de propriété commune. La capture de la papauté était bien sûr leur objectif principal, même si la plupart des historiens de l'époque s'intéressent davantage au sort de ceux qui n'ont pas récité correctement le « Notre Père » devant leurs interrogateurs.

La violence et la cruauté de la guerre qui s'ensuivit laissèrent une empreinte indélébile dans l'histoire. Les termes « albigeois » et « Inquisition » sont souvent utilisés comme arguments dans les débats. Peu de gens réalisent la véritable importance de cette lutte qui permit au trône papal de rester solide, invulnérable, mais toujours, sous diverses formes et de toutes les régions d'Europe, la cible d'attaques.

À partir de ce moment, ces attaques se sont intensifiées. Elles ont pris de l'ampleur. En 1482, à Strasbourg, elles ont atteint un nouveau degré d'intensité lorsque les ennemis du pape ont déclaré leur intention de lui faire la guerre. Un document daté de 1535, connu sous le nom de Charte de Cologne, témoigne de cette même hostilité, tout aussi violente. Les échos de la campagne albigeoise, qui continuaient d'affirmer que la non-existence était préférable à ce que ses adeptes appelaient l'ordre satanique de la vie terrestre, persistaient dans un pays traditionnellement orthodoxe et peu peuplé comme le Portugal, où l'activité de l'Inquisition était telle que, parmi les dizaines de personnes condamnées à mort entre 1619 et 1627, on comptait cinquante-neuf prêtres et religieuses.

Au cours des dernières années du XVIIIe siècle, un jeune homme arpentait les rues d'Ingolstadt, en Bavière, le cœur rempli de haine et l'esprit animé d'une détermination inébranlable. Sa haine était dirigée contre les jésuites, la société religieuse qui l'avait formé et fait de lui un professeur de droit canonique à l'université locale, une société qui, soit dit en passant, a toujours été un terreau fertile pour presque tous les types de saints et d'assassins.

Sa détermination, partagée à un moment ou à un autre par de nombreux jeunes hommes sérieux, mais trop souvent sans dévouement, était d'œuvrer pour le renversement de l'Église et de l'État. Mais sa détermination avait des racines profonde, et Adam Weishaupt (car tel était son nom) récoltait désormais les fruits de la société qu'il en était venu à mépriser.

Car l'esprit du premier jésuite, Ignace de Loyola, s'était transmis jusque parmi les apostats de ses disciples. Ignace avait été, comme il était alors courant dans son Espagne natale, un gentilhomme soldat. Il avait affronté les tirs et connu le choc des armes ennemies. Adam Weishaupt pouvait envisager l'avenir avec un esprit militaire. Il avait de l'initiative et une vision. Il connaissait la valeur de la surprise, qui repose sur le secret. Et il était déterminé. Tout autour de lui régnaient les conflits et les contradictions. Il voulait unir l'humanité, éliminer les traditions, qui diffèrent d'un peuple à l'autre, et supprimer les dogmes, qui engendrent plus de mensonges qu'ils n'établissent de vérités.

Ce n'était pas la première fois, et ce ne serait certainement pas la dernière, qu'un homme se distinguait de ses semblables au nom de la fraternité universelle. L'État idéal que Weishaupt avait en tête était bien sûr fondé sur le rêve impossible de la perfection humaine ; c'est pourquoi ses premiers disciples se donnèrent le nom arrogant et prétentieux de « perfectibilistes ».

Mais il devint vite évident que l'impeccabilité morale était moins propice à ses fins que l'illumination mentale ; et le 1er mai 1776, la société secrète qui allait profondément influencer une grande partie de l'histoire ultérieure vit le jour sous le nom d'Illuminati. La date et certaines de ses implications sont dignes d'intérêt. En effet, le 1er mai, la grande fête païenne celtique de Beltane était célébrée sur des collines qui, dans la mesure du possible, étaient de forme pyramidale.

Les Illuminati avaient alors, selon un plan qu'ils avaient rendu public à Munich l'année précédente, décidé d'adopter une ligne de conduite des plus ambitieuses. Ils allaient former et contrôler l'opinion publique. Ils allaient fusionner les religions en dissolvant toutes les différences de croyances et de rituels qui les séparaient ; et ils allaient prendre le contrôle de la papauté et placer l'un des leurs sur le trône de Saint-Pierre.

Un autre projet consistait à renverser la monarchie française, qui exerçait depuis longtemps une influence puissante, juste après la papauté, dans le maintien de l'ordre européen existant. À cette fin, un intermédiaire très efficace fut trouvé en la personne d'un certain Joseph Balsamo, mieux connu sous le nom de Cagliostro, l'un des artistes les plus agiles au monde sur la scène de l'illusion.

Comme la plupart, sinon tous les leaders anarchistes, il était soutenu financièrement par un groupe de banquiers de la maison Rothschild. C'est sous leur direction que les plans à long terme et à l'échelle mondiale des Illuminati ont été élaborés.

Les incursions de Cagliostro dans le domaine de l'occultisme lui valurent diverses épithètes. Il fut charlatan, astrologue, détenteur du secret de la jeunesse éternelle et du grand remède universel.

Mais son affirmation selon laquelle il était possédé par une influence d'un autre monde n'était peut-être pas entièrement fausse. En effet, après avoir survécu aux épreuves qui firent de lui un Illuminatus pur sang (la cérémonie eut lieu de nuit, dans une crypte souterraine près de Francfort), il voyagea de pays en pays, dans un carrosse noir verni décoré de symboles magiques, imposant ses arts aux cercles les plus influents, tout en gardant toujours un œil sur la cour de France où il repéra rapidement Marie-Antoinette comme membre le plus précieux et le plus influençable.

La manière dont il finit par se trahir, en commettant l'escroquerie du collier de diamants,[2] fait partie du processus préparatoire qui conduisit au déclenchement de la Révolution française. Il mourut dans la misère à Rome, mais non sans laisser derrière lui une réputation qui soulève encore aujourd'hui des questions et qui est typique des effets redoutables découlant du contact avec les Illuminati.

Dans le cadre du secret qui masquait leur puissance, et peut-être aussi par un désir juvénile de revendiquer des liens avec l'Antiquité, les dirigeants de la société adoptèrent des noms classiques, tirés pour la plupart de la mythologie et de l'histoire grecques ou romaines. Adam Weishaupt devint Spartacus, du nom de l'esclave thrace qui mena une révolte contre Rome. Son second, le baron Knigge, choisit Philo, d'après le philosophe néo-platonicien. Franz Zwackh, au nom peu raffiné, choisit d'être Cato, l'homme d'État romain. Le marquis Costanzo (car les Illuminati prenaient quelques libertés avec les titres) devint Diomède, l'un des chefs grecs de la guerre de Troie ; tandis qu'un certain Francis Mary Arouet, petit, déformé et ratatiné, se donna un nom qui était destiné à résonner dans la conscience populaire comme un coup de tonnerre miniature : — Voltaire.

---

[2] Une affaire compliquée impliquant la passion contrariée d'un cardinal, une usurpation d'identité et des lettres falsifiées. Bien traitée par Hilaire Belloc dans son livre sur *Marie-Antoinette*, qui fut entraînée dans le scandale.

Il est assez courant que le lecteur occasionnel jette un coup d'œil, voire étudie, les noms de ceux qui ont dirigé la fureur anti-bourbon qui a balayé Paris et la majeure partie de la France, sans se rendre compte qu'une grande partie de cette fureur provenait des Illuminati, dont les membres occupaient des places importantes dans les comités et assemblées éphémères issus de la Révolution.

Mirabeau et Danton étaient deux de ses figures presque gigantesques. Le petit Robespierre, élégant, apportait la cohérence, et Fouché, tortueux, la ruse instinctive, le cerveau froid. Talleyrand franchissait en boitant les obstacles qui s'avéraient fatals à des hommes plus actifs. Camille Desmoulins faisait preuve d'une foi adolescente en ses camarades. Les maréchaux Murat, Masséna, Bernadotte et Soult suivaient la direction du bicorne de Napoléon et repoussaient ses ennemis d'un champ à l'autre. Kellermann, aussi lourd que son nom, restait fermement botté et éperonné, contrairement à Lafayette, qui pouvait troquer son uniforme royal contre le costume d'un républicain ou d'un diplomate. Tous étaient des Illuminati. Certains travaillaient au grand jour, en tant que complices avérés. D'autres, comme Desmoulins, étaient des enthousiastes ou des dupes.

Leur influence ne mourut pas avec eux. Elle se transmit longtemps après que la guillotine eut cessé d'être couramment utilisée, et pouvait être reconnue comme le pouvoir derrière le Directoire. Elle diminua tout au long du Consulat, mais revint renforcée lorsque Louis XVIII fut hissé sur le trône après Waterloo, et déclencha la Révolution de 1830, qui marqua la fin des Bourbons que les Illuminati avaient depuis longtemps condamnés à la ruine.

5.

Les sinistres desseins de Weishaupt et de sa société avaient été révélés au gouvernement bavarois à la suite d'un orage en 1785.

Un ancien prêtre et homme de main de Weishaupt, nommé Joseph Lanz, était sorti dans la tempête pour délivrer un message lorsqu'il fut frappé par la foudre et tué. Son corps fut transporté dans la chapelle d'un couvent bénédictin où une religieuse, qui le préparait pour l'enterrement, trouva des documents cousus dans ses vêtements. Leur importance, qui devint rapidement évidente, dépassait largement le cadre du couvent, et ils furent remis aux autorités qui, en les examinant, découvrirent qu'ils décrivaient un complot visant à renverser l'Église et l'État. Weishaupt fut banni de Bavière, mais il se releva rapidement grâce à la protection et à la pension accordées par le prince de Saxe-Gotha.

À la mort de Weishaupt en 1830, l'influence de sa société était perceptible dans d'autres pays que la France, même si son fonctionnement était parfois difficile à distinguer de celui du mouvement italien plus politisé, les Carbonari (les charbonniers). Cette société avait été fondée par Maghella à Naples à l'époque de l'ancien maréchal Murat, qui avait été nommé roi de Naples par Napoléon. Son objectif déclaré était de chasser les étrangers et d'instaurer une constitution républicaine.

La force particulière de ces organisations a toujours résidé dans leur secret, qui n'était en rien compromis par les signes et symboles qu'elles adoptaient. Ceux-ci avaient parfois une signification occulte affectée, destinée à impressionner, ce qui les conduisait souvent à introduire des rites d'initiation puérils, absurdes, voire désagréables. Il existait par exemple un cercle illuminati qui persuadait les candidats à entrer dans un bain d'eau — persuadés, c'est-à-dire en les tirant vers le bain à l'aide d'un morceau de ficelle qui était attaché à leurs parties génitales. Et c'est cette obsession sexuelle perverse qui poussa certains disciples de Weishaupt à se castrer.

Mais certains rites et symboles tiraient une signification indéniable de ce qu'on appelle généralement la magie noire, ou de l'invocation d'un pouvoir satanique dont la puissance traverse comme un trait sinistre les pages des écrits bibliques, légendaires et historiquement vérifiés.

« C'est par les symboles, disait Thomas Carlyle dans *Sartor Resartus*, que l'homme est guidé et commandé, rendu heureux ou malheureux. Il se trouve partout entouré de symboles, qu'il les reconnaisse ou non. »

Les Illuminati ont utilisé une forme qui était probablement ancienne lorsque l'Égypte a atteint son apogée, celle d'une pyramide, ou d'un triangle, connue depuis longtemps des initiés comme un signe de foi mystique ou solaire. Au sommet de cette pyramide, ou parfois à sa base, se trouvait, et se trouve d'ailleurs toujours, l'image d'un œil humain isolé, qui a été diversement appelé l'œil ouvert de Lucifer, l'étoile du matin ou l'observateur éternel du monde et de la scène humaine.

La pyramide était l'un des symboles qui représentaient la divinité inconnue et sans nom dans les cultes préchrétiens. Des siècles plus tard, elle a été ressuscitée comme symbole de la destruction de l'Église catholique ; et lorsque la première phase de cette destruction a été accomplie, comme nous le verrons, par ceux qui s'étaient infiltrés et occupaient depuis lors certaines des plus hautes fonctions de l'Église, ils l'ont reproduite comme signe de leur succès.

Elle surplombait les foules rassemblées pour le Congrès eucharistique de Philadelphie en 1976. Elle a été reprise par les jésuites qui ont édité l'annuaire de la Compagnie, et elle est apparue sur une série de timbres du Vatican émis en 1978.

L'œil, dont l'origine remonte aux adorateurs de la lune babyloniens, ou astrologues, en est venu à représenter la trinité égyptienne composée d'Osiris, le soleil, Isis, la déesse de la lune, et leur enfant, Horus. Isis est également apparue à Athènes,

Rome, en Sicile et dans d'autres centres de l'Antiquité sous divers noms, notamment Vénus, Minerve, Diane, Cybèle, Cérès, Proserpine et Bellone. L'œil est devenu l'un des symboles solaires mystiques de Jupiter, Baal et Apollon.

Il n'y avait rien de vide ou d'enfantin dans l'affirmation de la société selon laquelle ses membres, comme en témoignait l'œil, étaient sous surveillance constante. « Il est entendu », disait un dicton de la société, « que quiconque révèle nos secrets, volontairement ou involontairement, signe son arrêt de mort ».

Et ces mots ont été confirmés à maintes reprises. L'un des premiers à en donner un exemple fut un Français nommé Lescure, dont le fils avait brièvement joué un rôle important pendant la Révolution. Lescure père fut admis dans le culte de l'Œil et de la pyramide. Mais il se repentit rapidement, refusa d'assister aux réunions, fut considéré comme un danger potentiel pour ses anciens frères et mourut subitement empoisonné. Dans ses derniers instants de lucidité, il accusa « cette horde impie des Illuminati » d'être responsable de sa mort.

6.

Nous avons déjà mentionné les Carbonari, dont le Directoire suprême, connu sous le nom *d'Alta Vendita*,[3] est devenu une sorte de noyau pour toutes les sociétés secrètes répandues en Italie. Son organisation et ses intentions étaient très similaires à celles des Illuminati. Ses dirigeants adoptaient des noms fantaisistes similaires (tels que Petit Tigre, Nubius, Vindex, Minos) et manifestaient la même hostilité implacable envers l'Église et l'État.

Cela était clairement énoncé dans un ensemble *d'instructions permanentes*, ou code de règles, paru en Italie en 1818. Rédigé par Nubius, il était adressé à un complice appelé Volpi et contenait des lignes directrices et des informations sur ce qui avait été accompli jusqu'alors.

Nubius, qui semble avoir été un homme de rang à Rome, commence par une évaluation modeste de la tâche non négligeable qui lui a été confiée. « Comme je vous l'ai déjà dit, j'ai été chargé de démoraliser l'éducation de la jeunesse de l'Église. » Mais il n'ignorait pas l'obstacle le plus difficile qu'il aurait à surmonter. Un problème majeur subsistait. « La papauté a toujours exercé une influence décisive sur l'Italie. Avec le bras, la voix et la plume de ses innombrables évêques, moines, nonnes et fidèles de toutes latitudes, le pape trouve partout des gens prêts au sacrifice, voire au martyre, des amis prêts à mourir pour lui ou à tout sacrifier pour lui.

---

[3] Littéralement « la vieille boutique » ou « la vieille vente ». Les réunions secrètes étaient souvent déguisées en ventes aux enchères pour éviter les soupçons.

C'est un levier puissant, dont peu de papes ont compris toute la puissance, et qui n'a encore été utilisé que partiellement...

Notre but final est celui de Voltaire et celui de la Révolution française —, l'anéantissement complet du catholicisme et, à terme, du christianisme. Si le christianisme survivait, même sur les ruines de Rome, il renaîtrait peu après et vivrait.

Ne prêtez aucune attention à ces Français vantards et vaniteux, à ces Allemands bornés et à ces Anglais hypocondriaques qui pensent pouvoir mettre fin au catholicisme par une chanson obscène ou par un sarcasme méprisable. Le catholicisme a une vitalité qui lui permet de survivre facilement à de telles attaques. Il a connu des adversaires plus implacables et bien plus terribles, et il a parfois pris un malin plaisir à baptiser d'eau bénite les plus enragés d'entre eux.

« C'est pourquoi la papauté est depuis dix-sept cents ans intimement liée à l'histoire de l'Italie. L'Italie ne peut ni respirer ni bouger sans la permission du Souverain Pontife. Avec lui, elle a les cent bras de Briarée ; sans lui, elle est condamnée à une impuissance lamentable. Un tel état de choses ne doit pas durer. Il faut chercher un remède.

Très bien. Le remède est à portée de main. Le pape, quel qu'il soit, n'entrera jamais dans une société secrète. Il incombe donc aux sociétés secrètes de faire le premier pas vers l'Église et vers le pape, dans le but de conquérir les deux. Le travail auquel nous nous attelons n'est pas l'œuvre d'un jour, ni d'un mois, ni d'une année. Il peut durer de nombreuses années, peut-être un siècle. Dans nos rangs, le soldat meurt, mais le travail continue.

« Nous n'avons pas l'intention, pour l'instant, de rallier le pape à notre cause. Ce que nous devons attendre, comme les Juifs attendent le Messie, c'est un pape qui réponde à nos aspirations. Nous avons besoin d'un pape pour nous-mêmes, si un tel pape est possible. Avec un tel pape, nous marcherons plus sûrement vers la prise d'assaut de l'Église qu'avec tous les petits livres de nos frères français et anglais. Et pourquoi ?

Parce qu'il serait inutile de chercher avec eux seuls à fendre le rocher sur lequel Dieu a bâti l'Église. Nous n'aurions pas besoin de l' u du vinaigre d'Hannibal, d'[4], ni de la poudre à canon, ni même de nos armes, si nous avions seulement le petit doigt du successeur de Pierre engagé dans le complot ; ce petit doigt nous serait plus utile pour notre croisade que tous les Urbains et tous les Saint-Bernard pour la croisade du christianisme.

« Nous sommes convaincus que nous parviendrons un jour à atteindre le but suprême de nos efforts. Il n'y a pas grand-chose à faire avec les vieux cardinaux et les prélats au caractère bien trempé. Dans nos magazines, qu'ils soient populaires ou impopulaires, nous devons trouver les moyens d'utiliser ou de ridiculiser le pouvoir dont ils disposent. Un rapport bien ficelé doit être diffusé avec tact parmi les bonnes familles chrétiennes.

Tel cardinal, par exemple, est un avare ; tel prélat est licencieux. Ces informations se répandront rapidement dans les cafés, puis sur les places publiques, et une seule rumeur suffit parfois à ruiner un homme.

« Si un prélat arrive d' — pour officier lors d'une cérémonie publique, il faut immédiatement se renseigner sur son caractère, ses antécédents, son tempérament, ses défauts, surtout ses défauts. Donnez-lui un caractère qui horrifie les jeunes gens et les femmes ; décrivez-le comme cruel, sans cœur ou sanguinaire ; relatez quelque transaction atroce qui fera sensation parmi le peuple. Les journaux étrangers apprendront et copieront ces faits, qu'ils sauront embellir selon leur style habituel... »

---

[4] Les historiens de l'Antiquité considéraient que les cols alpins étaient trop étroits pour permettre le passage de l'armée d'Hannibal et de ses éléphants, et qu'il avait dû utiliser du vinaigre chaud pour fendre la roche.

7.

Outre les indications précédentes, l'objectif principal du complot, qui était de prendre le contrôle de la papauté, avait été révélé à Florence par un opposant aux sociétés secrètes nommé Simonini, qui avait transmis leurs intentions à Pie VII.

Mais l'Église ne pouvait guère faire plus pour se défendre que lancer des avertissements, tandis que les Carbonari, renforcés par les déclarations positives de *l'Alta Vendita*, poursuivaient leurs attaques.

Quelques années après la publication de ce document, Little Tiger s'adressa au groupe piémontais de la société en ces termes : « Le catholicisme doit être détruit dans le monde entier. Rôdez autour du bercail catholique et saisissez le premier agneau qui se présente dans les conditions requises. Allez même jusqu'au fond des couvents. Dans quelques années, le jeune clergé aura, par la force des événements, envahi toutes les fonctions. Il gouvernera, administrera et jugera.

Ils seront appelés à choisir le pontife qui régnera ; et le pontife, comme la plupart de ses contemporains, sera nécessairement imprégné des principes que nous allons mettre en circulation.

« C'est un petit grain de moutarde que nous allons mettre en terre, mais le soleil de la justice le fera croître jusqu'à devenir une grande puissance, et vous verrez un jour quelle riche moisson produira cette petite graine. »

La politique d'infiltration avait déjà été mise en œuvre, et Little Tiger affirmait bientôt qu'une nouvelle race de prêtres, de jeunes hommes talentueux susceptibles de gravir les échelons de la hiérarchie, avait été formée pour prendre le pouvoir et détruire l'Église. Et ce n'était pas une vaine fanfaronnade, puisqu'en 1824, il disait à Nubius : « Il y a, dans l', certains membres du clergé, surtout à Rome, qui ont mordu à l'hameçon, avec l'hameçon, la ligne et le plomb. »

La persévérance, la rigueur et la détermination sans faille des sociétés qui, à l'époque comme aujourd'hui, ne se trouvaient pas en dehors de leurs rangs, n'ont jamais fait aucun doute. « Que le clergé marche sous votre bannière en croyant qu'il marche sous la bannière des clés apostoliques. N'ayez pas peur de vous infiltrer dans les communautés religieuses, au sein même de leur troupeau. Que nos agents étudient attentivement le personnel de ces confréries, les placent sous la direction pastorale d'un prêtre vertueux, bien connu mais crédule et facile à tromper. Puis infiltrez le poison dans ces cœurs choisis ; infiltrez-le à petites doses, comme par hasard. »

Cette déclaration fut rapidement suivie d'une évaluation confiante des progrès déjà réalisés par les sociétés. « En Italie, ils comptent parmi leurs membres plus de huit cents prêtres, parmi lesquels se trouvent de nombreux professeurs et prélats, ainsi que quelques évêques et cardinaux ! » On affirmait que de nombreux membres du clergé espagnol étaient également impliqués.

Mais, comme Nubius le répétait sans cesse, toutes les victoires provisoires seraient vaines tant qu'un pape faisant partie de leur plan ultime n'occuperait pas le siège de Pierre. « Lorsque cela sera accompli, écrivait-il en 1843, vous aurez établi une révolution menée par la tiare et la cape pluviale (cérémonielle) ; une révolution réalisée avec peu de force, mais qui allumera une flamme aux quatre coins du monde. »

Il y avait un sentiment de changement dans l'air, un changement qui allait s'étendre au-delà des frontières de l'Église et transformer de nombreuses facettes de l'existence. Little Tiger résuma cela avec espoir à Nubius en 1846 : « Tous sentent que l'ancien monde est en train de se fissurer. » Et il devait avoir le doigt sur le pouls des événements, car deux ans plus tard, un groupe très select d'initiés secrets qui se faisaient appeler la Ligue des Douze Justes des Illuminati finança Karl Marx pour qu'il écrive le Manifeste communiste, et en quelques mois, l'Europe était secouée par la révolution.

Mais Nubius ne vécut pas assez longtemps pour profiter des avantages qui auraient pu en découler. En effet, alimentées par des rumeurs, vraies ou fausses, selon lesquelles il parlait trop, les rumeurs, l'œil qui voit tout se tourna vers lui et Nubius succomba à une dose de poison.

Notre génération a vécu et continue de vivre les conséquences politiques et religieuses d'une lutte dont les causes ont été cachées à ceux qui en ont été les témoins au début, tout comme elles le sont pour nous qui tâtonnons aveuglément dans ses phases secondaires. Car ses auteurs et leurs opérations sont masqués par un secret si profond et si permanent qu'il n'a pas d'équivalent ailleurs.

Lorsque l'auteur français Crétineau-Joly porta à l'attention du pape Pie IX (1846-1878) la sinistre portée de *l'Alta Vendita*, qui autorisa son nom à être utilisé comme garantie de son autorité, cet événement, qui aurait dû être salué par une fanfare de trompettes, fut noyé dans le sifflement mesquin du verbiage et du jargon parlementaire. Et lorsque Adolphe Crémieux, ministre de la Justice, comme le rapporte *Les Archives*, Paris, en novembre 1861, a énoncé le précepte selon lequel « les nationalités doivent disparaître, la religion doit être supprimée », les cercles qui ont formulé ces déclarations ont veillé à ce qu'elles ne soient jamais diffusées comme des prévisions d'une situation qui allait réclamer une acceptation généralisée en moins d'un siècle.

Une fois encore, un lecteur du *Times*, dans l'Angleterre victorienne, aurait remarqué, peut-être avec un dégoût insulaire pour tout ce qui était latin, les troubles qui éclataient de temps à autre en Espagne, au Portugal, à Naples et dans les États pontificaux. En cherchant une explication, le mot « dagos » aurait pu lui venir à l'esprit. Mais une chose est sûre. Il n'aurait jamais pensé que l'homme qui orchestrait ces troubles n'était autre que Lord Palmerston, ministre des Affaires étrangères de la reine entre 1830 et 1851, Premier ministre en 1855, puis à nouveau en 1859 jusqu'à sa mort en 1865.

Car derrière ces titres parlementaires, il était connu de ses complices comme le Grand Patriarche des Illuminati, et donc le contrôleur de tout le sinistre complexe des sociétés secrètes.

Jetons un coup d'œil à certains de leurs projets politiques — : l'unification de l'Italie sous la maison de Savoie ; l'annexion du territoire de l' e pontifical ; la reconstitution d'un État polonais ; la privation de l'Autriche et la montée en puissance de l'Empire allemand qui s'ensuivit.

Chacun de ces objectifs, indépendamment du moment, figurait dans le programme des Illuminati. Tous ont été atteints ; et Benjamin Disraeli, qui connaissait toute l'affaire des complots et des contre-complots, pensait sans doute aux machinations de Palmerston lorsqu'il déclarait en 1876 : « Les gouvernements de ce pays ont affaire non seulement à des gouvernements, des rois et des ministres, mais aussi à des sociétés secrètes, des éléments dont il faut tenir compte, qui peuvent à tout moment réduire à néant tous les plans, qui ont des agents partout, qui incitent à l'assassinat et peuvent, si nécessaire, mener un massacre. »

Les leaders de la révolution italienne, Mazzini, Garibaldi et Cavour, étaient les serviteurs de l'Œil, tandis que des monarques de l'époque tels que Victor Emmanuel II et Napoléon III entraient également dans son rayon d'action.

Tout au long du siècle, l'attaque contre l'orthodoxie prit de l'ampleur. En 1881, le Premier ministre français, Léon Gambetta, pouvait déclarer ouvertement : « Le cléricalisme, voilà l'ennemi ». Un orateur plus populaire rugissait : « Je crache sur le cadavre putréfié de la papauté ». Et la même année fournit de nombreuses preuves de l'hostilité qui était prête à éclater dans les régions les plus inattendues du continent. En effet, lorsque le corps de Pie IX fut transféré de la basilique Saint-Pierre au sanctuaire de Saint-Laurent- —, hors les murs, le cortège fut attaqué par une foule armée de gourdins. Au milieu des cris obscènes, une bataille de rue éclata avant que le corps du pape défunt puisse être sauvé et empêché d'être jeté dans le Tibre. Les autorités, qui se rangèrent du côté des émeutiers, ne prirent aucune mesure.

C'est ainsi, par des voies détournées, que se poursuivirent les luttes des premiers temps du christianisme et du Moyen Âge. Mais les ennemis de l'Église, s'éloignant de la guerre ouverte, se livraient désormais à une infiltration pacifique, plus conforme à l'esprit du temps.

« Ce que nous avons entrepris, proclamait le marquis de la Franquerie au milieu du siècle dernier, c'est la corruption de l'Église, du peuple par le clergé, et celle du clergé par nous, la corruption qui nous conduit à creuser la tombe de l'Église. »

Une prédiction encore plus confiante, et d'un ton nouveau, fut faite quelque soixante ans plus tard : « Satan doit régner au Vatican. Le pape sera son esclave. » La confirmation de cette prédiction, dans des termes très similaires, fut donnée dans une révélation reçue par trois enfants analphabètes âgés respectivement de dix, huit et sept ans, dans la petite ville de Fatima, au Portugal, en 1917. Elle prit la forme d'un avertissement qui, à cette époque, semblait franchement ridicule : « Satan régnera même dans les plus hautes sphères. Il occupera même la plus haute fonction dans l'Église. »

On peut trouver certaines indications des projets prophétiques ou soigneusement planifiés des sociétés secrètes dans une lettre adressée à Mazzini, datée du 15 avril 1871 et conservée à la bibliothèque du British Museum. À cette époque, les guerres étaient menées à une échelle relativement petite et restreinte, mais cette lettre, écrite plus de quarante ans avant le début du premier conflit mondial, peut être interprétée comme une prévision de la Seconde Guerre mondiale, ainsi que comme une allusion à une troisième catastrophe encore plus grande qui est à venir. En voici un extrait :

« Nous lâcherons les nihilistes et les athées, et nous provoquerons une formidable catastrophe sociale qui, dans toute son horreur, montrera clairement aux nations les effets de l'athéisme absolu, de la sauvagerie originelle et des troubles les plus sanglants.

« Alors, partout, les citoyens, obligés de se défendre contre la majorité des révolutionnaires mondiaux, extermineront les destructeurs de civilisations ; et la multitude, désillusionnée par le christianisme, dont les esprits déistes seront dès lors sans boussole, avides d'un idéal, mais ne sachant où rendre son adoration, recevra la vraie lumière grâce à la manifestation universelle de la pure doctrine de Lucifer, enfin révélée au grand jour, une manifestation qui résultera du mouvement révolutionnaire général qui suivra la destruction du christianisme et de l'athéisme, tous deux vaincus et exterminés en même temps. »

Dans ce qui précède, un terme est utilisé qui, au fil de ces pages, pourrait nécessiter une clarification. Il faut comprendre que les ennemis de l'Église n'étaient pas athées au sens commun du terme. Ils rejetaient la religion telle que représentée par le Dieu chrétien qu'ils appellent Adonaï, un être qui, selon eux, a condamné la race humaine à un cycle répétitif de souffrances et d'obscurité.

Mais leur intelligence les poussait à reconnaître un dieu, et ils en trouvèrent un en Lucifer, fils de l'aurore et porteur de lumière, le plus brillant des archanges qui mena la révolution céleste dans le but de se rendre égal à Dieu.

La croyance luciférienne, très développée jusqu'à la fin de la guerre de 1939, était dirigée dans le monde entier depuis un centre situé en Suisse. Depuis lors, son quartier général se trouve dans le Harold Pratt Building, à New York.

Mais bien que l'on puisse nommer ces lieux, le voile du secret qui entoure le cercle restreint du gouvernement mondial n'a jamais été levé. Rien d'autre au monde n'est resté aussi caché, aussi intact ; et l'existence d'un tel cercle restreint a été reconnue par nul autre que Mazzini qui, bien qu'étant l'un des principaux conspirateurs, a été contraint d'admettre, dans une lettre écrite peu avant sa mort à un certain docteur Breidenstine : « Nous formons une association de frères répartis aux quatre coins du globe. Pourtant, il y en a une qui est invisible, que l'on peut à peine sentir, mais qui pèse sur nous. D'où vient-elle ? Où est-elle ? Personne ne le sait, ou du moins, personne n'en parle. Cette association est secrète, même pour nous, les vétérans des sociétés secrètes. »

The Voice, le magazine de la fraternité universelle, publié pour la première fois en Angleterre en 1973, puis transféré à Somerset

West, dans la province du Cap, en Afrique du Sud, dit à ce sujet :
« Les Frères aînés de la race évoluent généralement dans le monde sans être connus. Ils ne recherchent pas la reconnaissance, préférant servir dans l'ombre. »

Dans son livre souvent cité, *1984*, George Orwell fait référence à ce parti intérieur, ou fraternité universelle, et explique que, outre son caractère secret, le fait qu'il ne s'agisse pas d'une organisation au sens habituel du terme le rend invulnérable. Sir Winston Churchill, dans son étude *Great Contemporaries*, déclare : « Une fois que l'appareil du pouvoir est entre les mains de la Fraternité, toute opposition, toute opinion contraire doit être éliminée par la mort. »

Et ces pages rapportent suffisamment de morts étranges pour nous inciter à nous interroger.

8.

L'introduction de Satan comme élément nouveau dans la lutte a rencontré moins d'écho dans l'Angleterre hétérodoxe que sur le continent. Car là-bas, la croyance en la puissance positive du mal et les cas de possession diabolique n'étaient pas toujours considérés comme des fantaisies. Ce qui s'était passé au couvent des Ursulines de Louviers, en Normandie, et dans un autre couvent (également des Ursulines) à Aix-en-Provence, dans la région de Marseille, tous deux au XVIIe siècle, pouvait encore inspirer des regards nerveux par-dessus l'épaule.

À Louviers, de jeunes religieuses et novices avaient assisté à des messes noires où l'hostie était consacrée sur les parties intimes d'une femme étendue sur l'autel. Des morceaux de l'hostie avaient ensuite été insérés dans ces parties. L'un des frères franciscains qui desservait le couvent vendait des philtres d'amour faits d'hosties trempées dans du sang menstruel et dans celui de bébés assassinés.

Dans l'autre couvent, une jeune fille se tordait sur le sol, exposant toutes les parties de son corps et criant des obscénités liées à la sodomie et au cannibalisme. D'autres membres de la communauté affirmaient que leur esprit et leur corps étaient tourmentés par Belzébuth, le démon vénéré par les Philistins, surnommé le Seigneur des mouches parce qu'il apparaissait couvert du sang des sacrifices, attirant des nuées d'insectes volants. Dans les deux cas, l'influence maléfique a été attribuée à des prêtres inspirés par Satan, qui ont péri sur le bûcher. Une partie des preuves, lors du procès de l'un d'entre eux, était un pacte avec Satan signé avec le sang du prêtre.

Plus tard dans le même siècle, l'abbé Guibourg célébra le même genre de rituel religieux simulé, parfois avec l'aide de Madame de Montespan, l'une des maîtresses sur le déclin de Louis XIV, qui y participait dans l'espoir de raviver la passion du roi pour elle. Là encore, le sang d'un enfant assassiné et celui d'une chauve-souris étaient mélangés avec le sperme du prêtre officiant pour renforcer le vin sacramentel.

Il était courant que le célébrant fantaisiste porte une robe de cardinal lors de telles occasions. Des bougies noires étaient disposées sur l'autel.

La croix était bien visible, mais inversée, et il y avait des images représentant un crucifix piétiné par une chèvre. Une étoile, une lune noire et un serpent figuraient dans des peintures érotiques sur les murs, et le seul nom prononcé avec révérence était celui de Lucifer. Les initiés recevaient fréquemment la communion dans une église en bonne et due forme, mais c'était uniquement pour emporter l'hostie dans leur bouche et la donner ensuite à manger à des animaux et à des souris.

Un centre typique de magie noire, ou temple de Satan, fut créé à Rome en 1895. Un groupe de personnes intéressées, curieuses d'en découvrir le sens, réussirent d'une manière ou d'une autre à pénétrer un peu au-delà du seuil, et ce qu'ils virent fut décrit par l'un d'entre eux, Domenico Margiotta :[5] « Les murs latéraux étaient recouverts de magnifiques tentures de damas rouge et noir.[6] Au fond se trouvait une grande tapisserie sur laquelle était représentée la figure de Satan, à ses pieds un autel.

« Ici et là étaient disposés des triangles, des carrés et d'autres signes symboliques. Tout autour se trouvaient des chaises dorées. Chacune d'entre elles, dans la moulure qui formait son dossier, avait un œil de verre, dont l'intérieur était éclairé par l'électricité, tandis qu'au milieu du temple se trouvait un curieux trône, celui du Grand Pontife Satanique. » Quelque chose dans l'atmosphère silencieuse de la pièce les terrifia, et ils partirent plus vite qu'ils n'étaient entrés.

---

[5] *La Croix du Dauphiné*, 1895.

[6] Couleurs fréquemment mentionnées tout au long de ce livre, en particulier lors de l'intronisation du pape Jean XXIII.

Avec la résurgence des Illuminati, même aussi loin qu'en Russie, certains signes indiquaient que leur influence avait pénétré les plus hautes sphères de l'Église. Cela s'était produit en la personne du cardinal Mariano Rampolla (1843-1913), l'une de ces figures importantes, mais obscures et largement méconnues, que l'on ne trouve que dans les pages secrètement sinistres de l'histoire du Vatican.

Originaire de Sicile et de tendance libérale, il entra au service du pape sous le pontificat de Léon XIII et fut secrétaire de la Propagande avant de devenir secrétaire d'État.

Un Anglais qui prétendait l'avoir connu et l'avoir initié à l'occultisme était Aleister Crowley, né en 1875 dans la ville alors décadente de Leamington, qui, après être passé par Cambridge, était devenu l'une des figures les plus controversées du monde du mystère. Les gens intelligents s'interrogent encore aujourd'hui pour savoir s'il était un maître des arts occultes, un simple amateur ou un imposteur. Somerset Maugham, qui le connaissait bien, estimait que Crowley était un imposteur, « mais pas entièrement ».

Il était certainement, comme le montrent ses écrits, un maître de la corruption. Car ce qu'on pourrait appeler, avec beaucoup d'indulgence, ses aspirations spirituelles étaient tempérées par un sensualisme flagrant. C'était à travers la chair que son être s'élançait pour embrasser le mystère. Les images qui traversaient son esprit en ressortaient déformées, souvent avec une connotation sexuelle ; et, comme d'autres de son genre qui errent à la frontière de l'inconnu, il trouvait du réconfort en se réfugiant derrière une variété de noms fantastiques tels que Therion, comte Vladimir Svaroff, prince Chiva Khan, le laird de Boleskin, un titre auquel il essayait de se montrer digne en portant un kilt. Pour sa mère, il était la Grande Bête (de l'Apocalypse). Crowley lui répondait en la traitant de bigote sans cervelle.

En limant ses deux canines, il les transforma en crocs, ce qui lui permit d'imprimer un baiser de vampire sur la gorge ou le poignet de toute femme qui avait le malheur de croiser son chemin. Il épousa Rose Kelly, sœur du peintre Sir Gerald, qui devint plus tard président de la Royal Academy.

C'était une créature faible et anormale, qui pouvait manifestement fermer les yeux sur sa petite manie de suspendre sa maîtresse par les pieds dans une armoire, tout comme elle pouvait accepter les noms qu'il avait donnés à leur fille, Nuit Ahotoor Hecate Sappho Jezebel Lilith.

Qu'il y ait eu ou non un lien certain entre Rampolla et Crowley, l'ascension régulière du cardinal dans la hiérarchie offrait un contraste saisissant avec l'obsession futile de Crowley pour les sociétés de l'Aube dorée et des Templiers orientaux, auxquelles étaient affiliés des organismes tels que les Chevaliers du Saint-Esprit, l'Église occulte du Saint-Graal, la Fraternité hermétique de la Lumière, l'Ordre d'Énoch, le Rite de Memphis et le Rite de Mizraïm.

Lorsque Léon XIII mourut en 1903 et qu'un conclave fut convoqué pour élire son successeur, Rampolla était connu pour être bien placé dans la course. Son rival le plus proche était le patriarche de Venise, le cardinal Sarto, une figure moins impressionnante, selon l'avis général, mais dotée d'une aura de bonté, voire de sainteté naturelle, qui manquait à Rampolla.

Au premier scrutin, vingt-cinq voix se prononcèrent en sa faveur, tandis que Sarto n'en obtint que cinq. Au fur et à mesure que le vote avançait, ce dernier gagnait progressivement du terrain, mais Rampolla continuait à creuser l'écart. Le schéma du vote semblait établi et, comme pour accélérer son issue évidente, le ministre français des Affaires étrangères prit l'initiative inhabituelle de demander à ses compatriotes cardinaux de soutenir Rampolla.

Y avait-il des manœuvres en coulisses ? C'est presque certain. Mais si tel était le cas, les adversaires du Sicilien, qui savaient peut-être qu'il était soupçonné d'être un Illuminati, ont présenté une objection de dernière minute qui a fait échouer sa candidature. Les empereurs d'Autriche, qui étaient toujours reconnus comme les légataires du Saint-Empire romain germanique, avaient hérité du droit de veto sur les candidats au trône papal qu'ils jugeaient inacceptables.

Ce veto fut alors exprimé par le cardinal de Cracovie (une ville qui appartenait alors à l'Autriche), au nom de l'empereur François-Joseph d'Autriche. Certains dirent qu'il s'agissait du veto du Saint-Esprit. Les espoirs de Rampolla s'effondrèrent et le conclave, se tourna vers son rival le plus proche, Sarto, qui devint le pape Pie X.

Mais on ne croyait pas généralement que le veto exprimé par l'empereur « très catholique » d'Autriche était seul responsable d'avoir barré la route à Rampolla, bien que celui-ci n'ait jamais joué aucun rôle influent à Rome après le conclave.

Après sa mort, les papiers de Rampolla furent confiés à Pie X. Après les avoir lus, il les mit de côté avec ce commentaire : « Quel malheureux ! Brûlez-les. » Les papiers furent jetés au feu en présence du pape, mais il en resta suffisamment pour alimenter un article paru dans *La Libre Parole*, en 1929 à Toulouse.

Certains de ces documents provenaient d'une société secrète, l'Ordre du Temple de l'Orient, et prouvaient que Rampolla avait œuvré pour renverser l'Église et l'État. Un carnet, découvert à la même époque, jette un éclairage surprenant sur le lien possible avec Aleister Crowley ; en effet, plusieurs des sociétés affiliées au Temple de l'Orient étaient celles qui ont déjà été mentionnées, telles que l'Église occulte du Saint Graal et le Rite de Mizraim, dans lesquelles Crowley exerçait une influence plus ou moins grande.

Il se peut donc que, dans les derniers jours de la paix mondiale, les sociétés secrètes aient été très près d'atteindre, grâce à Rampolla, leur objectif séculaire d' —, en revendiquant un pape qui leur soit propre.

9.

Le chaos croissant et le remplacement des valeurs traditionnelles par celles d'un nouvel ordre, qui étaient les effets tangibles de la guerre de 1914, ont été considérés comme des opportunités favorables par ceux qui n'avaient jamais cessé de considérer l'Église comme leur seul grand ennemi. Au début de l'année 1936, une convention des sociétés secrètes s'est tenue à Paris ; bien que la participation ait été strictement limitée aux « initiés », des observateurs anglais et français ont réussi à y assister. Leurs comptes rendus de la réunion ont été publiés dans la *Catholic Gazette* de février 1936, puis quelques semaines plus tard dans *Le Réveil du Peuple,* un hebdomadaire parisien.

Personne ne pouvait manquer de remarquer à quel point les sentiments et les thèmes qui y étaient abordés correspondaient à ceux avancés par Nubius et dans *l'Alta Vendita* plus d'un siècle auparavant. Voici une version légèrement abrégée de la version anglaise :

« Tant qu'il restera une conception morale de l'ordre social, et jusqu'à ce que toute foi, tout patriotisme et toute dignité soient déracinés, notre règne sur le monde ne viendra pas. Nous avons déjà accompli une partie de notre travail, mais nous ne pouvons pas prétendre que tout est fait. Nous avons encore un long chemin à parcourir avant de pouvoir renverser notre principal adversaire, l'Église catholique.

Nous devons toujours garder à l'esprit que l'Église catholique est la seule institution qui s'est opposée et qui s'opposera, tant qu'elle existera, à notre cause. L'Église catholique, par son travail méthodique et ses enseignements moraux édifiants, maintiendra toujours ses enfants dans un état d'esprit qui les rendra trop fiers pour se soumettre à notre domination. C'est pourquoi nous nous efforçons de trouver le meilleur moyen de secouer l'Église catholique jusqu'à ses fondements. Nous avons répandu l'esprit de révolte et le faux libéralisme parmi les nations afin de les détourner de leur foi et même de leur faire honte de professer les préceptes de leur religion et d'obéir aux commandements de leur Église.

Nous avons amené beaucoup d'entre eux à se vanter d'être athées, et plus encore, à se glorifier d'être les descendants du singe !

Nous leur avons donné de nouvelles théories, impossibles à réaliser, telles que le communisme, l'anarchisme et le socialisme, qui servent maintenant nos objectifs. Ils les ont acceptées avec le plus grand enthousiasme, sans se rendre compte que ces théories sont les nôtres et qu'elles constituent l'instrument le plus puissant contre eux-mêmes.

Nous avons noirci l'Église catholique avec les calomnies les plus ignominieuses, nous avons souillé son histoire et déshonoré même ses activités les plus nobles. Nous lui avons imputé les torts de ses ennemis et avons amené ces derniers à se ranger plus étroitement à nos côtés. À tel point que nous assistons aujourd'hui, à notre plus grande satisfaction, à des rébellions contre l'Église dans plusieurs pays. Nous avons fait de son clergé l'objet de la haine et du ridicule, nous l'avons livré à la haine de la foule. Nous avons fait considérer la pratique de la religion catholique comme une pratique dépassée et une pure perte de temps. Nous avons fondé de nombreuses associations secrètes qui travaillent à notre cause, sous nos ordres et nos directives.

Jusqu'à présent, nous avons examiné notre stratégie dans nos attaques contre l'Église depuis l'extérieur. Mais ce n'est pas tout. Expliquons comment nous avons poussé plus loin notre travail pour précipiter la ruine de l'Église catholique, comment nous avons pénétré dans ses cercles les plus intimes et comment nous avons même amené certains membres de son clergé à devenir les pionniers de notre cause :

« Outre l'influence de notre philosophie, nous avons pris d'autres mesures pour créer une brèche dans l'Église catholique. Laissez-moi vous expliquer comment nous avons procédé. Nous avons incité certains de nos enfants à rejoindre le corps catholique avec l'intention explicite qu'ils œuvrent de manière encore plus efficace à la désintégration de l'Église catholique, en créant des scandales en son sein.

« Nous sommes reconnaissants aux protestants pour leur loyauté envers nos souhaits, même si la plupart d'entre eux, dans la sincérité de leur foi, ne sont pas conscients de leur loyauté envers nous. Nous leur sommes reconnaissants pour l'aide précieuse qu'ils nous apportent dans notre lutte contre le bastion de la civilisation chrétienne et dans nos préparatifs en vue de l'avènement de notre suprématie sur le monde entier.

Jusqu'à présent, nous avons réussi à renverser la plupart des trônes d'Europe. Les autres suivront dans un avenir proche.

La Russie a déjà adoré notre domination. La France est sous notre coupe. L'Angleterre, dépendante de nos finances, est sous notre talon ; et son protestantisme est notre meilleur espoir pour la destruction de l'Église catholique. L'Espagne et le Mexique ne sont que des jouets entre nos mains. Et de nombreux autres pays, y compris les États-Unis d'Amérique, sont déjà tombés sous nos intrigues.

« Mais l'Église catholique est toujours vivante. Nous devons la détruire sans le moindre retard et sans la moindre pitié.

La plupart des journaux du monde sont sous notre contrôle. Intensifions nos activités. Répandons l'esprit de révolution dans l'esprit des peuples.

Il faut leur faire mépriser le patriotisme et l'amour de leur famille, considérer leur foi comme une supercherie, leur obéissance à l'Église comme une servilité dégradante, afin qu'ils deviennent sourds à l'appel de l'Église et aveugles à ses avertissements contre nous. Surtout, rendons impossible la réunification des chrétiens hors de l'Église catholique avec celle-ci, ou l'entrée des non-chrétiens dans l'Église, sinon notre domination sur eux ne sera jamais réalisée. »

Deuxième partie

Notre monde moral et politique est miné par des passages secrets, des caves et des égouts.

Goethe.

Le pontificat de Pie XII (1939-1958) a trouvé l'Église dans un état très florissant. Elle exerçait son influence légitime sur le monde occidental. De plus en plus de personnes acquéraient une compréhension plus complète, ou du moins une lueur, de l'idéal catholique. En Angleterre, on estimait à dix mille le nombre de personnes qui se convertissaient chaque année au catholicisme, et aux États-Unis, ce chiffre atteignait quelque soixante-dix mille en une seule année ; parmi ces convertis, on comptait un nombre non négligeable de personnalités éminentes issues de divers horizons.

Des maisons entières de religieux anglicans, qui avaient favorisé les pratiques de la Haute Église, suivaient parfois leur exemple. Le nombre record de personnes se formant pour devenir prêtres et religieuses était de bon augure pour l'avenir de l'Église. La vague d'opposition résultant de la Réforme était en train de s'inverser. Les signes d'un renouveau catholique se répandaient dans un quartier des plus inattendus : le monde anglophone.

Curieusement, ces événements coïncidèrent avec la montée du communisme et l'effondrement généralisé des valeurs morales et sociales qui suivit la guerre de 1939. Pendant cette guerre, qui a laissé le communisme en position dominante, le Vatican a été l'un des rares centres complètement neutres dans le monde, ce qui lui a valu les critiques des communistes qui interprétaient cette attitude comme un parti pris latent en faveur de l'autre camp ; ces critiques ont été renforcées lorsque le pape a prononcé l'excommunication des catholiques qui adhéraient au Parti communiste ou lui apportaient une aide quelconque.

Il s'agissait là d'une extension de l'avertissement lancé par le pape précédent, Pie XI, dans son encyclique *Quadragesimo Anno* :

« Nul ne peut être à la fois un catholique sincère et un socialiste au sens propre du terme. »

Ces mots avaient sans doute été écrits en pensant aux partisans de la démocratie sur le continent plutôt qu'aux anglophones. Mais ils impliquaient néanmoins une condamnation, non seulement des principes révolutionnaires, mais aussi des formes plus modérées d'expression politique qui, mises à l'épreuve, encouragent la subversion.

La ligne de démarcation entre Rome et ses ennemis était clairement tracée. Les deux camps avaient lancé leur défi et brandi leur étendard. L'un était inspiré par une ferveur messianique, bien que non religieuse, qui promettait un avenir meilleur une fois la société existante dissoute ; l'autre, sûr de son appui sur une promesse surnaturelle qui signifiait qu'il ne voulait pas, ne pouvait pas faire de compromis.

2.

L'évêque en question était Angelo Giuseppe Roncalli. Né en 1881 et ordonné prêtre en 1904, il attira rapidement l'attention du Vatican en tant que docteur en théologie et professeur d'histoire ecclésiastique. En 1921, il fut affecté à la Congrégation de la Propagande et, après avoir été consacré évêque en 1935, il entra au service diplomatique de l'Église.

Ses premières affectations se font dans les Balkans, une région du monde qui est loin d'être favorable à toute influence catholique, comme Roncalli le découvre. En tant que visiteur apostolique, ou *chargé d'affaires* du Saint-Siège à Sofia, il est impliqué dans des difficultés diplomatiques avec le roi, qui prennent un aspect plus mesquin, mais personnel, lorsqu'en 1935, il est transféré comme délégué apostolique à Istanbul.

Là-bas, la ferveur modernisatrice sous Mustafa Kemal battait son plein. Certaines de ses lois frappaient durement la religion, tant islamique que chrétienne, et le port de tout habit ecclésiastique en public était strictement interdit. L'usage des titres ecclésiastiques était également proscrit.

Roncalli se sentait comme dans un carcan, jamais vraiment libre, surveillé et espionné, et ses moindres faits et gestes étaient rapportés. Les contacts qu'il avait pu nouer étaient rares et, à la fin de la journée, il avait pour habitude de rentrer tranquillement chez lui, comme un passant étranger et anonyme.

Un soir, se sentant particulièrement fatigué, il se jeta sur son lit sans se déshabiller ni éteindre la lumière. Sur les murs, des souvenirs de sa vie antérieure, des photos de parents et du village de la plaine lombarde où ils avaient grandi ensemble. Il ferma les yeux et murmura ses prières habituelles. Dans une sorte de vision, il vit les visages des personnes qu'il avait croisées sans y prêter attention dans la rue ce jour-là flotter devant lui dans une brume. Parmi eux se trouvait le visage d'un vieil homme aux cheveux blancs et à la peau olive qui lui donnait un air presque oriental.

Ce qui suivit fut peut-être un rêve, ou du moins c'est ce qu'il crut lorsque le jour se leva. Mais dans la chambre silencieuse, Roncalli entendit distinctement le vieil homme lui demander : « Me reconnais-tu ? » Et sans savoir ce qui le poussait à répondre, Roncalli répondit : « Oui, toujours. »

Son visiteur poursuivit : « Je suis venu parce que tu m'as appelé. Tu es sur la bonne voie, mais tu as encore beaucoup à apprendre. Es-tu prêt ? »

Roncalli n'éprouva pas le moindre doute. Tout avait été préparé pour lui. Il répondit : « Je t'attends, Maître. »

Le vieil homme sourit et demanda trois fois à Roncalli s'il le reconnaîtrait, et Roncalli répondit trois fois que oui.

Même l'arrivée du matin ne rendit pas cette expérience inhabituelle. Roncalli savait qu'elle se répéterait, d'une manière qui lui donnerait une signification extraordinaire.

Il sut que le moment était venu lorsqu'il trouva le même vieil homme qui l'attendait devant son logement ; il sentit également qu'une situation plus familière s'était installée, ce qui poussa Roncalli à lui demander s'il voulait se joindre à lui pour dîner.

Le vieil homme secoua la tête. « C'est à une autre table que nous devons dîner ce soir. » Sur ces mots, il partit, suivi de Roncalli, dans un quartier de rues sombres et tranquilles où ce dernier n'était jamais entré. Une étroite ouverture menait à une porte devant laquelle Roncalli s'arrêta, comme par instinct, tandis que le vieil homme lui disait de monter et de l'attendre.

Au-delà de l'entrée, il y avait un petit escalier, puis un autre. Il n'y avait pas de lumière, mais dans l'obscurité presque totale, des voix semblaient venir d'en haut, guidant les pas de Roncalli. Il fut arrêté par une porte, plus petite que les autres, qui était légèrement entrouverte. Roncalli la poussa et se retrouva dans une grande pièce pentagonale, aux murs nus et aux deux grandes fenêtres fermées.

Au centre se trouvait une grande table en bois de cèdre, de la même forme que la pièce. Contre les murs, il y avait trois chaises, l'une d'elles supportant une tunique en lin, trois enveloppes scellées et quelques ceintures colorées. Sur les tables se trouvait une épée à la poignée en argent, dont la lame, dans la lumière partielle créée par trois bougies rouges dans un candélabre à trois branches, semblait enflammée. Trois autres bougies dans un deuxième chandelier n'étaient pas allumées. Il y avait un encensoir autour duquel étaient attachés des rubans colorés et trois roses artificielles, faites d'un matériau fragile, dont les tiges se croisaient.

Près de l'épée et de l'encensoir se trouvait une bible ouverte, et un rapide coup d'œil suffisait pour voir qu'elle était ouverte à l'Évangile de saint Jean, racontant la mission de Jean-Baptiste, passages qui avaient toujours exercé une fascination particulière sur Roncalli.

« Un homme apparut de Dieu, dont le nom était Jean... » Le nom de Jean revêt une signification particulière dans les sociétés secrètes, qui se réunissent systématiquement le 27 décembre, jour de la fête de l'évangéliste, et le 24 juin, jour de la fête du Baptiste.

Ils font souvent référence aux saints Jean.

Roncalli entendit des pas légers derrière lui et se détourna de la table. C'était quelqu'un à qui il allait s'adresser, comme Roncalli l'avait appelé, le maître. Il portait une longue tunique de lin qui descendait jusqu'au sol et une chaîne de nœuds, à laquelle étaient suspendus divers symboles en argent, autour du cou. Il posa une main gantée de blanc sur l'épaule de Roncalli. « Agenouille-toi, sur ton genou droit. »

Tandis que Roncalli était encore agenouillé, le maître prit l'une des enveloppes scellées sur la chaise. Il l'ouvrit de manière à ce que Roncalli puisse voir qu'elle contenait une feuille de papier bleu sur laquelle était écrite une série de règles. Prenant une deuxième enveloppe, le maître la ouvrit et tendit une feuille similaire à Roncalli qui, debout à côté d'eux, vit qu'elle comportait sept questions.

« Pensez-vous pouvoir y répondre ? » demanda le Maître.

Roncalli répondit que oui et rendit la feuille.[7] Le Maître s'en servit pour allumer l'une des bougies du deuxième bougeoir. « Ces lumières sont pour les Maîtres de l'Ordre passé qui sont ici parmi nous », expliqua-t-il.

Il récita ensuite les mystères de l'Ordre avec des mots qui semblaient passer dans l'esprit de Roncalli sans s'y attarder ; pourtant, il avait l'impression qu'ils avaient toujours fait partie de sa conscience. Le maître se pencha alors vers lui.

Nous nous connaissons sous les noms que nous avons choisis pour nous-mêmes. Avec ce nom, chacun de nous scelle sa liberté et son programme de travail, et crée ainsi un nouveau maillon dans la chaîne. Quel sera ton nom ? »

La réponse fut immédiate. Il n'y eut aucune hésitation.

« Johannes », dit le disciple. Son évangile préféré était toujours prêt dans son esprit.

Le maître prit l'épée, s'approcha de Roncalli et posa la pointe de la lame sur sa tête ; et à ce contact, quelque chose que Roncalli ne pouvait comparer qu'à un émerveillement exquis, nouveau et irrépressible, envahit tout son être. Le maître sentit son étonnement.

« Ce que tu ressens en cet instant, Johannes, beaucoup d'autres l'ont ressenti avant toi ; moi-même, les Maîtres du passé et d'autres frères à travers le monde. Tu penses que c'est de la lumière, mais cela n'a pas de nom. »

---

[7] Les Maîtres sont décrits comme des êtres parfaits, les maîtres de l'humanité, qui ont traversé une série d'initiations pour atteindre un état de conscience supérieur.

Ils échangèrent des salutations fraternelles, et le maître embrassa l'autre sept fois. Puis il lui parla à voix basse, lui faisant connaître les signes, les gestes à accomplir et les rites à observer quotidiennement, à des moments précis, qui correspondent à certaines phases du passage du soleil.

« À ces moments précis, trois fois par jour, nos frères du monde entier répètent les mêmes phrases et font les mêmes gestes. Leur force est très grande et s'étend très loin. Jour après jour, ses effets se font sentir sur l'humanité. »

Le Maître prit l'enveloppe scellée restante, l'ouvrit et lut le contenu à Johannes. Il s'agissait de la formule du serment, avec l'engagement solennel de ne pas révéler les secrets de l'Ordre, de promettre de toujours œuvrer pour le bien et, surtout, de respecter la loi de Dieu et ses ministres (une stipulation quelque peu ambiguë compte tenu de ce que leur environnement impliquait).

Johannes apposa son nom sur le papier, ainsi qu'un signe et un numéro que le Maître lui montra. Cela confirmait son grade et son entrée dans l'Ordre ; et une fois de plus, un sentiment de force surnaturelle envahit tout son être.

Le maître prit le document, le plia sept fois et demanda à Johannes de le placer sur la pointe de l'épée. Une fois de plus, une flamme soudaine parcourut toute la longueur de la lame. Elle se propagea aux bougies qui continuaient à éclairer « les Maîtres du passé ».

Les flammes le consumèrent, et le maître dispersa les cendres. Il rappela ensuite à Johannes le caractère solennel du serment qu'il avait prêté et comment celui-ci lui procurerait un sentiment de liberté, une liberté véritable, connue de tous les frères. Il embrassa alors Johannes, qui était trop bouleversé pour répondre par un mot ou un geste et ne pouvait que pleurer.

Quelques semaines plus tard, Johannes (ou Roncalli, comme nous devons continuer à l'appeler) fut informé qu'il était désormais suffisamment versé dans le culte pour passer à la phase décisive de son initiation, celle de l'entrée dans le Temple.

Le maître le prépara à ce qui, il ne le cacha jamais à Roncalli, serait une épreuve ; et l'appréhension de Roncalli augmenta lorsqu'il constata que personne comme lui, un initié du premier degré seulement, n'était autorisé à entrer dans le Temple, *à moins qu'une tâche de grande importance ne soit sur le point de lui être confiée.*

Qu'est-ce qui attendait Roncalli ? La vision d'une certaine chaise, ou d'un trône, prenait-elle forme dans son esprit alors qu'il se rendait au Temple ?

Les frères étaient rassemblés là, ce qui indiquait une fois de plus que Roncalli avait été choisi pour une mission spéciale. Sur les murs figuraient les mots mystérieux « Azorth » et « Tetrammaton ». Ce dernier désigne le nom terrible, ineffable et imprononçable du créateur de l'univers, qui aurait été inscrit sur la face supérieure du cubicule, ou pierre angulaire, dans le Saint des Saints du Temple de Jérusalem.

Il figure dans le motif utilisé pour invoquer les esprits maléfiques, ou parfois pour se protéger contre eux, un motif connu sous le nom de grand cercle magique, tracé entre deux cercles composés de lignes infinies symbolisant l'éternité, dans lequel sont placés divers objets tels qu'un crucifix, des herbes et des bols d'eau, qui auraient une influence sur les esprits maléfiques.

Dans le temple se trouvait également une croix, peinte en rouge et noir, et le nombre 666, le nombre de la Bête dans l'Apocalypse. Les sociétés secrètes, conscientes de l'ignorance générale à leur sujet, sont désormais suffisamment confiantes pour montrer leur jeu. Le peuple américain se familiarise avec la marque de la bête sur des formulaires, des marques de produits publicitaires, des avis publics : est-ce une simple coïncidence si le 666 fait partie du code utilisé pour adresser les lettres aux Britanniques qui servent actuellement (mai 1982) dans l'Atlantique Sud (pendant la guerre avec l'Argentine) ? Ces chiffres, réputés tout-puissants dans l'accomplissement de miracles et de magie, sont associés au Dieu solaire du gnosticisme.

Les gnostiques, une secte qui a prospéré au cours des premiers siècles du christianisme, niaient la divinité du Christ, dénigraient la révélation et croyaient que toutes les choses matérielles, y compris le corps, étaient essentiellement mauvaises. Ils soutenaient que le salut ne pouvait être atteint que par la connaissance (leur nom dérive du grec *gnosis*, « connaissance »). Les récits évangéliques qu'ils enseignaient sont des allégories dont la clé se trouve dans une compréhension correcte de Kneph, le dieu soleil, représenté sous la forme d'un serpent, qui serait le père d'Osiris, et donc la première émanation de l'Être suprême et le Christos de leur secte.

Roncalli, dans son rôle final et plus élevé auquel l'initiation l'avait préparé, devait porter sur son gant l'image du dieu soleil entouré de rayons de gloire.

Les couleurs rouge et noir étaient vénérées par les gnostiques et ont été largement utilisées par les diabolistes. Ce sont également les couleurs de Kali, la mère divine de la mythologie hindoue, ce qui constitue l'une des nombreuses similitudes entre les déviations du christianisme et les cultes préchrétiens. On peut noter qu'elles figuraient sur les bannières du mouvement anarchiste international, dont le prophète était Mikhaïl Bakounine (1814-1876), pionnier du libertarianisme opposé au socialisme d'État.

Pendant que Roncalli notait les détails de la pièce, les frères s'avançaient de leurs places près des murs jusqu'à ce qu'ils se rapprochent lentement et presque imperceptiblement de lui. Lorsqu'ils eurent formé une chaîne, ils se pressèrent contre lui, le touchant de leur corps, en signe que leur force, éprouvée et confirmée lors de cérémonies antérieures, lui était transmise.

Il se rendit soudain compte que, sans les formuler consciemment, des paroles de pouvoir jaillissaient de lui d'une voix qu'il ne reconnaissait pas comme la sienne. Mais il pouvait voir que tout ce qu'il disait était écrit par celui qu'on appelait le Grand Chancelier de l'Ordre. Il écrivait en français, sur une feuille de papier bleu intitulée « Le chevalier et la rose ».[8]

---

[8] Un récit complet de l'initiation de Roncalli est donné dans *Les prophéties du pape Jean XXIII*, de Pierre Carpi, pseudonyme d'un Italien qui aurait rejoint le

À en juger par cela et d'autres indices, il semblerait que Roncalli ait été affilié à la Rose-Croix, une société fondée par Christian Rosenkreutz, un Allemand né en 1378. Mais selon ses propres affirmations, « l'Ordre de la Rose et de la Croix existe depuis des temps immémoriaux, et ses rites mystiques étaient pratiqués et sa sagesse enseignée en Égypte. Éleusis, Samothrace, Perse, Chaldée, Inde et dans des contrées d' encore plus lointaines, transmettant ainsi à la postérité la sagesse secrète des temps anciens. »

Le fait que son origine reste un mystère a été souligné par (le Premier ministre) Disraeli, qui a déclaré à propos de la société en 1841 : « Ses sources cachées défient toute recherche. »

Après avoir voyagé en Espagne, à Damas et en Arabie, où il fut initié à la magie arabe, Rosenkreutz retourna en Allemagne et fonda sa confrérie des *Invisibles*. Dans un bâtiment qu'ils baptisèrent *Domus Sancti Spiritus*, ils se livrèrent à des études aussi variées que les secrets de la nature, l'alchimie, l'astrologie, le magnétisme (ou hypnotisme, comme on l'appelle plus communément), la communication avec les morts et la médecine.

Rosenkreutz serait mort à l'âge avancé de 106 ans. Lorsqu'on ouvrit son tombeau, perdu de vue depuis de nombreuses années, on y trouva des signes et des symboles magiques ainsi que des manuscrits occultes.

À première vue, la Turquie peut sembler être un pays hors des sentiers battus en ce qui concerne les activités d'une société secrète.

Mais en 1911, Max Heindel, fondateur de la Rosicrucian Fellowship et de la Rosicrucian Cosmo-Conception, écrivait à propos de ce pays d'une manière qui montrait qu'il n'échappait pas à l'attention de ceux qui s'intéressaient à l'avenir religieux,

---

même ordre que Roncalli. Il a été traduit en français, mais est aujourd'hui très difficile à trouver (Jean-Claude Lattes, Alta Books, 1975).

politique et social. « La Turquie, disait-il, a fait un grand pas vers la liberté sous les Jeunes Turcs du Grand Orient. »

Au cours des dernières décennies, nous avons appris beaucoup de choses qui étaient auparavant cachées sur les rites, les mots de passe et les pratiques des sociétés secrètes. Mais il y a peu d'indications sur la manière dont elles choisissent, parmi leurs membres pour la plupart inactifs, ceux qui sont considérés comme capables de faire avancer leurs projets. L'une de leurs instructions simples est la suivante : « Vous devez apprendre à gouverner les hommes et à les dominer, non par la peur, mais par la vertu, c'est-à-dire en observant les règles de l'Ordre. » Mais un écrit occulte, paru à New York, est un peu plus explicite. « Des expériences sont actuellement menées, souvent à l'insu des sujets eux-mêmes... Dans de nombreux pays civilisés, des personnes sont sous surveillance et une méthode de stimulation et d'intensification de l' est appliquée afin qu'elles transmettent aux Grands Eux-mêmes une masse d'informations qui pourront servir de guide pour l'avenir de la race. Ceci était accompagné d'une remarque acerbe qui constituait également une promesse pour celui qui avait été jugé apte : « Vous avez longtemps été l'objet de notre observation et de notre étude. » [9]

---

[9] *Lettres sur la méditation occulte.* Par Alice A. Bailey. Elle était la grande prêtresse d'une école occulte et était associée à la société des esprits illuminés.

3.

Dans les derniers jours de décembre 1944, Roncalli se préparait à quitter la Turquie pour Paris, où il avait été nommé nonce apostolique auprès de la Quatrième République française. La guerre faisait toujours rage et les divisions politiques entre la droite et la gauche, qui divisaient la France, étaient violentes : il devint rapidement évident pour les observateurs dont le jugement n'était pas influencé par les titres ecclésiastiques que Roncalli avait une sympathie innée pour la gauche.

C'est sur sa recommandation que Jacques Maritain fut nommé ambassadeur de France auprès du Saint-Siège. Maritain était généralement considéré comme un penseur mondial, certainement comme l'un des philosophes catholiques les plus éminents. L'impact total de son « humanisme intégral » avait jusqu'alors été tempéré par sa perspective aquinienne. Mais plus tard, celle-ci fut surmontée par des déclarations méprisantes, telles que celle selon laquelle la royauté sociale du Christ avait suffi aux esprits médiévaux (et le mentor de Maritain, Thomas d'Aquin, était un médiéval), mais pas à un peuple éclairé par des « instruments » tels que les révolutions française et bolchevique.

Son statut de philosophe catholique suscite à nouveau des doutes, car, selon son propre témoignage, il ne s'est pas converti sous l'impulsion d'une quelconque aspiration spirituelle. Ce n'est pas un argument théologique ou historique qui l'a convaincu, mais les écrits de Léon Bloy (1846-1917).

Malgré son style musical fluide, l'écriture de Bloy n'est guère de nature à convertir quelqu'un au christianisme. Il identifiait le Saint-Esprit à Satan et se décrivait comme le prophète de Lucifer, qu'il représentait assis au sommet du monde, les pieds posés aux quatre coins de la terre, contrôlant toutes les actions humaines et exerçant une autorité paternelle sur la foule hideuse de ses descendants. Comparé à cette vision d'un Lucifer affable, Dieu apparaît comme un maître impitoyable dont l'œuvre se soldera par un échec final lorsque Satan le remplacera comme roi.

Selon ses propres aveux, Bloy s'était converti à ce que lui et ses disciples appelaient le « christianisme » sous l'influence d'une pauvre prostituée qui avait des visions et qui, après sa liaison avec Bloy, était morte dans un asile d'aliénés.

En 1947, Vincent Auriol fut nommé président de la République française. C'était un comploteur anti-Église, l'un de ces anticléricaux endurcis qui trouvent naturellement leur place sur le continent ; pourtant, lui et Roncalli devinrent non seulement des associés cordiaux, comme l'exigeaient leurs fonctions, mais aussi des amis proches. Cela n'était pas dû à la charité chrétienne de l'un et à la courtoisie diplomatique de l'autre, mais à la cérémonie à laquelle Roncalli avait assisté à Istanbul, qui avait établi un lien de compréhension entre les deux hommes.

Cela s'est concrétisé en janvier 1953, lorsque l'archevêque Roncalli a été élevé au rang de cardinal et qu'Aural a insisté pour exercer son droit traditionnel, en tant que chef de l'État français, de conférer la barrette rouge au nouveau prince de l'Église. Cela se passa lors d'une cérémonie à l'Élysée, où Roncalli, assis sur le trône (prêté par le musée) où Charles X avait été couronné, reçut les applaudissements d'hommes qui avaient juré de le réduire, lui et tout ce qu'il représentait, en poussière, un projet auquel Roncalli était secrètement engagé, bien que par des moyens plus détournés, à les aider.

Trois jours plus tard, il fut transféré à Venise en tant que patriarche ; et pendant les cinq années qu'il y passa, il manifesta à nouveau, comme à Paris, une certaine sympathie pour les idéologies de gauche qui déconcertait parfois la presse italienne.

C'est sous le pontificat de Pie XII qu'un certain nombre de prêtres travaillant alors au Vatican se rendirent compte que tout n'allait pas bien sous la surface. Une étrange influence, qui ne leur plaisait guère, se faisait sentir, et ils l'attribuèrent à un groupe qui s'était imposé comme experts, conseillers et spécialistes, et qui entourait le pape de si près qu'on le qualifiait, à moitié en plaisantant, de prisonnier.

Mais les prêtres les plus inquiets mirent en place une chaîne d'enquête, tant ici qu'en Amérique, où leur porte-parole était le père Eustace Eilers, membre de la congrégation passioniste d', à Birmingham, en Alabama. Cela permit d'établir que les Illuminati se faisaient sentir à Rome, par le biais d'infiltrés spécialement formés, venus des environs de l'endroit en Allemagne où Adam Weishaupt s'était vanté de son plan visant à réduire le Vatican à une coquille vide. La main des Illuminati était clairement impliquée lorsque le père Eilers, qui avait annoncé la publication de ces faits, fut retrouvé mort, vraisemblablement victime d'une de ces crises cardiaques soudaines qui, dans le milieu des sociétés secrètes, précèdent souvent les révélations promises.

Pie XII mourut le 9 octobre 1958, et le 29 du même mois. Angelo Roncalli, après onze votes des cardinaux réunis en conclave, devint le deux cent soixante-deuxième pape de l'Église catholique. Il était âgé de soixante-dix-sept ans, mais sa constitution lui permettait de supporter les soixante kilos de vêtements ecclésiastiques dont il était revêtu pour son couronnement, le 4 novembre 1958.

4.

L'« élection » de Roncalli fut le signal d'une vague de réactions enthousiastes, souvent venues des milieux les plus inattendus, qui se répercuta dans le monde entier. Les non-catholiques, les agnostiques et les athées s'accordaient à dire que le Collège des cardinaux avait fait un excellent choix, le meilleur depuis de nombreuses années. Il avait choisi un homme sage, humble et saint, qui débarrasserait l'Église des accumulations superficielles et la ramènerait à la simplicité des temps apostoliques ; et enfin, parmi les avantages qui promettaient un avenir radieux, le nouveau pape était issu d'une famille paysanne.

Les catholiques chevronnés ne pouvaient expliquer l'accueil chaleureux et l'admiration qui lui ont été réservés lorsque les journalistes, correspondants, reporters et équipes de télévision de presque tous les pays du monde ont afflué à Rome. Jusqu'alors, le monde extérieur ne savait que très peu de choses sur Angelo Roncalli, si ce n'est qu'il était né en 1881, qu'il avait été patriarche de Venise et qu'il avait occupé des postes diplomatiques en Bulgarie, en Turquie et en France. Quant à ses origines modestes, il y avait déjà eu des papes paysans. L'Église pouvait les absorber aussi facilement qu'elle avait absorbé ses pontifes universitaires et aristocratiques.

Mais le monde laïc, comme en témoignaient certaines des publications les plus « populaires » en Angleterre, insistait sur le fait qu'un événement capital s'était produit à Rome et qu'il n'était que le signe avant-coureur de choses encore plus grandes à venir ; tandis que les catholiques informés, qui depuis des années plaidaient la cause de l'Église, continuaient à se gratter la tête et à s'interroger. Des informations avaient-elles été divulguées, non pas à ceux qui avaient toujours soutenu la religion, mais à ceux qui servaient des bribes de vérité, voire aucune vérité, pour titiller et tromper le public ?

Un prêtre irlandais qui se trouvait à Rome à l'époque a déclaré à propos de la clameur suscitée par les détails intimes concernant Roncalli : « Les journaux, la radio, l', la télévision et les magazines ne pouvaient tout simplement pas obtenir suffisamment d'informations sur les antécédents et la carrière, la famille et les activités du nouveau Saint-Père. Jour après jour, depuis la fin du conclave jusqu'au couronnement, depuis son premier message radiophonique jusqu'à l'ouverture du consistoire, les remarques et les activités du nouveau pape ont été relatées avec force détails pour que le monde entier puisse en prendre connaissance. »[10]

Les spéculations ont alimenté l'intérêt lorsqu'on a appris que le nouveau pape souhaitait être appelé Jean XXIII. Était-ce en mémoire de son père, qui s'appelait Jean, ou par respect pour Jean-Baptiste ? Ou était-ce pour souligner sa volonté de défier, voire de choquer, les idées traditionnelles ? Jean était un prénom très apprécié par de nombreux papes. Mais pourquoi conserver la numérotation ?

Il y avait en effet eu auparavant un Jean XXIII, un antipape, qui avait été destitué en 1415. Il a une tombe dans le baptistère de Florence, et son portrait figurait jusqu'à récemment dans *l'Annuario Pontifico*, l'annuaire de l'Église. Il a depuis été retiré. Nous ne savons rien de positif à son sujet, car sa seule réalisation connue, si l'on en croit un réprouvé aussi précieux que lui, est d'avoir séduit plus de deux cents femmes, dont sa belle-sœur.

Entre-temps, on avait généralement l'impression à l'étranger que l'Église s'apprêtait à rompre avec son passé traditionnel. Elle avait toujours manifesté un refus orgueilleux de se laisser influencer par son environnement. Elle avait été protégée, comme par une armure invisible, des modes de l'époque. Mais

---

[10] *Jean XXIII, le pape venu des champs*, par le père Francis X. Murphy. (Hebert Jenkins, 1959.)

elle semblait désormais disposée à s'engager dans une réforme aussi radicale que celle qui lui avait été imposée au XVIe siècle. Certains y voyaient une mise à jour de la doctrine chrétienne, un processus de reconversion souhaitable et inévitable, dans lequel une catholicité plus profonde et toujours plus large remplacerait le catholicisme ancien et statique du passé.

Un tel changement avait été prudemment annoncé dans une déclaration précoce de Jean XXIII, qui disait : « Un vent souffle à l'Est et à l'Ouest, né de l'esprit qui éveille l'attention et l'espoir de ceux qui sont revêtus du nom de chrétiens. »

Les paroles du « bon pape Jean » (qui acquit rapidement cette qualification élogieuse) n'étaient pas seulement prophétiques.

Car elles annonçaient les changements dans l'Église autrefois monumentale qu'il allait lui-même initier.

5.

Les collectionneurs américains de souvenirs ecclésiastiques auront remarqué, peu après l'élection du pape Jean, que certains objets étaient proposés à la vente dans certains de leurs journaux. Ils étaient décrits comme des copies de la croix personnelle choisie et approuvée par Jean XXIII.

Ces croix n'avaient rien à voir avec la croix pectorale que tous les pontifes et évêques portent autour du cou en signe d'autorité épiscopale. Elles sont en or, ornées de pierres précieuses, et chacune contient une relique sacrée. Avant de la porter, le prélat récite une prière prescrite en mémoire de la Passion et implore la grâce de vaincre les ruses du Malin tout au long de la journée.

Mais la croix qui a été présentée au public américain, sous le patronage de Roncalli, avait des connotations très différentes. Au centre, au lieu de la représentation du Christ crucifié, figurait l'œil qui voit tout des Illuminati, entouré d'un triangle ou d'une pyramide ; et ces croix, annoncées dans *The Pilot* et *The Tablet*, les journaux diocésains de Brooklyn et de Boston, étaient, conformément au manque de dignité et de révérence qui devenait proverbial, en vente au prix de deux cent cinquante dollars chacune.

Ceux qui comprenaient la signification des symboles mystiques et leur profonde influence sur nous ont de nouveau été attirés par le visage solaire représenté sur le gant de John. Il rappelait le motif utilisé par les adorateurs païens du soleil, tandis que son geste consistant à étendre la main, les doigts écartés au-dessus d'une congrégation, pouvait également être interprété comme une invocation à la lune blanche, élément d'un code ésotérique qui a toujours eu ses adeptes.

À ceux qui pensent que de telles suggestions frôlent le ridicule, il suffit de rappeler que des milliers d'hommes d'affaires sérieux, coiffés de chapeaux melons, ont, au cours de leur carrière, accompli des rituels et adopté des symboles qui font paraître très anodins ceux évoqués ci-dessus.

Pour le grand public, cependant, la pyramide, sans rien perdre de sa signification originelle, est désormais considérée comme un symbole tout à fait respectable et inoffensif. Ce n'est qu'un simple motif décoratif. Mais c'est un motif qui circule partout chaque fois qu'un billet d'un dollar américain change de mains.

En effet, au verso du billet se trouve l'œil secret, entouré d'une pyramide, et la date 1776. On y trouve également les mots *Annuit Coeptis, Novus Ordo Seclorum*.

Pour les personnes peu méfiantes, la date de 1776 peut simplement signifier que c'est l'année de la Déclaration d'indépendance américaine, rédigée par Thomas Jefferson.

C'est vrai. Mais qu'en est-il des symboles qui figurent également au verso du Grand Sceau des États-Unis ? Pourquoi les avoir choisis ? Et 1776 est également l'année où Adam Weishaupt a fondé sa confrérie. Thomas Jefferson, comme son collègue politicien Benjamin Franklin, était un fervent illuministe.

Les mots cités ci-dessus peuvent être traduits comme suit : « Il (Dieu) a approuvé notre entreprise, qui a été couronnée de succès. Un nouvel ordre des âges est né. »

Il a été démontré à maintes reprises que l'avenir du monde n'est pas entre les mains de simples politiciens, mais entre celles de ceux qui ont le pouvoir, occulte et allié au pouvoir financier international, de manipuler les événements selon leurs plans ; et nous, qui vivons aujourd'hui, avons été témoins de l'avènement de leur nouvel ordre dans plusieurs domaines de la vie, notamment religieux, politique et social. Avant que la propagande actuelle mettant en avant le rôle des femmes ne devienne populaire, l'autorité occulte Oswald Wirth parlait de la femme « n'ayant pas peur » d'adopter les rites et les coutumes masculines, et de la manière dont, lorsqu'elle aura obtenu son plein pouvoir, les hommes se conformeront à ses directives. Ce processus est activement mis en œuvre sous nos yeux.

Le terme « nouveau » est propagé comme s'il impliquait nécessairement une amélioration notable par rapport à ce qui existait auparavant. Il a acquis une importance politique en 1933, année où le New Deal de Roosevelt a été instauré ; et c'est cette même année que l'insigne des Illuminati, avec les mots faisant référence au « nouvel ordre des âges », est apparu au revers du billet d'un dollar américain. Leur mise en œuvre prend désormais forme dans la formation d'un nouvel ordre mondial dans lequel, selon les prévisions, les différentes nations, races, cultures et traditions seront absorbées jusqu'à disparaître.

Troisième partie

> *Je suis certain que lorsque, au sein du Conseil, j'ai prononcé les mots rituels « Exeunt Omnes » (que tous sortent), celui qui n'a pas obéi était le Diable. Il est toujours présent là où règne la confusion, pour l'attiser et en tirer profit.*
>
> Cardinal Pericle Felici,
> Secrétaire général du Concile.

Avec une prescience vraiment étonnante, née de la confiance, les sociétés secrètes avaient depuis longtemps décidé comment elles allaient apporter des changements dans les revendications et le caractère de l'Église catholique, et finalement provoquer sa chute. Il y a plus d'un siècle, elles avaient reconnu que la politique d'infiltration, grâce à laquelle leurs propres hommes pénétraient aux plus hauts postes de la structure ecclésiastique, avait été couronnée de succès ; elles pouvaient désormais esquisser la nature de la prochaine étape à franchir.

S'exprimant en tant que l'un des principaux conspirateurs « au courant », Giuseppe Mazzini (1805-1872) déclara : « À notre époque, l'humanité abandonnera le pape et se tournera vers un concile général de l'Église. » Mazzini n'était pas insensible au drame de la situation à venir et poursuivit en évoquant le « César papal » pleuré comme une victime expiatoire et une exécution capitale.

Pierre Virion, dans *Mystère d'Iniquité*, tenait des propos similaires : « Un sacrifice se prépare, qui représente un acte solennel d'expiation... La papauté va tomber. Elle tombera sous l, le couteau sacré qui sera préparé par les Pères du dernier concile. »

Un ancien canoniste, Roca, qui avait été défroqué pour hérésie, était plus explicite. « Vous devez avoir un nouveau dogme, une nouvelle religion, un nouveau ministère et de nouveaux rituels qui ressemblent beaucoup à ceux de l'Église qui s'est rendue. » Et Roca n'exprimait pas seulement un espoir, mais décrivait un processus. « Le culte divin régi par la liturgie, le cérémonial, les rituels et les règlements de l'Église catholique romaine subira bientôt une transformation lors d'un concile œcuménique. »

Un soir, au début de l'année 1959, alors qu'il était pape depuis à peine trois mois, Jean XXIII se promenait dans les jardins du Vatican.

Ses pas lents et lourds sous les chênes et les marronniers, où Pie IX avait chevauché sa mule blanche, furent soudainement interrompus par ce qu'il allait appeler une impulsion de la Divine Providence, une résolution qui lui parvint d'au-delà et dont il reconnut l'impact.

Un concile – il prononça presque ces mots dans un souffle – il allait convoquer un concile œcuménique général de l'Église.

Plus tard, il dira que cette idée ne lui a pas été inspirée par une révélation du Saint-Esprit, mais par une conversation qu'il a eue avec le cardinal Tardini, alors secrétaire d'État, vers la fin de l'année précédente. Leur conversation avait porté sur ce qui pouvait être fait pour présenter au monde un exemple de paix universelle. Mais il y avait encore une certaine confusion quant à l'origine de cette idée, car le pape Jean a déclaré par la suite qu'il l'avait formulée lui-même, afin de faire entrer un peu d'air frais dans l'Église.

Dans le passé, les conciles avaient été convoqués pour résoudre certaines crises au sein de l'Église, certaines questions brûlantes qui menaçaient de diviser ou de semer la confusion dans les esprits. Mais aucune question de ce genre, liée à la doctrine ou à la discipline, ne nécessitait de réponse urgente au début de l'année 1959. L'Église exigeait le paiement de ses dettes traditionnelles de loyauté, de négligence ou d'antagonisme. Il ne semblait pas nécessaire de convoquer un concile. Pourquoi jeter une pierre dans des eaux paisibles qui, tôt ou tard, seraient forcément troublées par une nécessité évidente ? Mais le 25 janvier, le pape Jean annonça son intention au Collège des cardinaux de l', et la réaction qu'elle suscita dans le monde séculier fit rapidement comprendre qu'il ne s'agirait pas d'un concile ordinaire.

La même publicité sans précédent qui avait marqué l'élection de Jean XXIII accueillit favorablement ce projet. Il semblait revêtir une importance capitale non seulement pour le monde non catholique, mais aussi pour les éléments qui s'étaient toujours fermement opposés aux revendications, aux dogmes et à la pratique du pape. Mais rares étaient ceux qui s'étonnaient de cet intérêt soudain des agnostiques ; encore moins nombreux étaient ceux qui soupçonnaient une motivation cachée. Et si quelques voix exprimant des doutes parvinrent à se faire entendre, elles furent rapidement étouffées à mesure que les préparatifs de la première session du concile avançaient.

Ils durèrent deux ans et consistèrent en l'élaboration de projets, ou schémas, de décrets s et constitutions susceptibles d'être jugés dignes d'être modifiés. Chaque membre du concile, qui serait composé d'évêques provenant de toutes les parties du monde catholique et présidé par le pape ou son légat, pouvait voter pour l'acceptation ou le rejet de la question discutée ; chacun était invité à envoyer une liste de sujets discutables.

Quelques jours avant l'ouverture du Concile, il apparut que les autorités responsables avaient reçu l'assurance que cette affaire essentiellement catholique bénéficierait d'une publicité plus importante que d'habitude. Un bureau de presse considérablement agrandi fut installé face à Saint-Pierre. Le cardinal Cicognani présida l'inauguration et donna sa bénédiction ; les journalistes affluèrent.

Parmi eux se trouvait un nombre surprenant de communistes athées qui arrivaient, tels des chasseurs, s'attendant à être « dans le coup » pour une mise à mort. La *Gazette littéraire soviétique*, qui n'avait jamais été représentée auparavant à une réunion religieuse, prit l'initiative surprenante d'envoyer un correspondant spécial en la personne d'un certain M. Mchedlov, qui se fraya un chemin à Rome en exprimant son admiration la plus sincère pour le pape. Deux compatriotes de Mchedlov étaient présents, un journaliste de l'agence de presse soviétique *Tass* et un autre du périodique moscovite franchement nommé *Communiste*. Un autre membre éminent du clan bolchevique était M. Adjubei, qui, en plus d'être rédacteur en chef de *l' e Izvestia*, était le gendre du Premier ministre soviétique, Khrouchtchev.

Il fut chaleureusement accueilli par le bon pape Jean, qui l'invita à une audience spéciale au Vatican. La nouvelle de cet accueil prometteur fut transmise à Khrouchtchev, qui fit immédiatement part de son intention d'envoyer ses salutations au pape le 25 novembre 1963, jour de son prochain anniversaire. Un nombre indéterminé d'Italiens, une fois remis de leur surprise de voir le chef de l'Église en termes amicaux avec ses ennemis, décidèrent de voter en faveur du communisme à la prochaine occasion.

Cette résolution fut renforcée lorsqu'un numéro spécial de *Propaganda,* l'organe du Parti communiste italien, contribua à amplifier le concert d'éloges sur le prochain concile. Un tel événement, disait-il, serait comparable à l'ouverture des États généraux, prélude à la Révolution française de 1789. Dans le même ordre d'idées, le journal comparait la Bastille (qui tomba cette même année) au Vatican, qui était sur le point d'être ébranlé dans ses fondements.

Une approbation plus marquée de la gauche vint de Jacques Mitterrand, Grand Maître du Grand Orient français, qui savait qu'il pouvait sans risque louer à l'avance le pape Jean et les effets du concile en général.

Parmi les observateurs orthodoxes russes se trouvait le jeune évêque Nikodim qui, malgré son strict respect des règles religieuses, semblait libre de traverser le rideau de fer.

Deux autres évêques de sa région, un Tchèque et un Hongrois, se joignirent à lui et au cardinal Tisserant lors d'une réunion secrète qui se tint près de Metz, peu avant la première session du Concile.

Nikodim, personnage quelque peu louche, mérite d'être mentionné, car il réapparaîtra plus loin dans ces pages.

Nous savons aujourd'hui que les Russes ont dicté leurs propres conditions pour « siéger » au Concile. Ils avaient l'intention de l'utiliser comme un moyen d'étendre leur influence dans le monde occidental, où le communisme avait été condamné trente-cinq fois par Pie XI et pas moins de 123 fois par son successeur Pie XII. Les papes Jean et Paul VI allaient suivre leur exemple, mais chacun, comme nous le verrons, avec une ironie. La politique russe consistait désormais à faire taire les bulles d'excommunication prononcées contre les catholiques qui avaient adhéré au Parti communiste et à empêcher toute nouvelle attaque contre le marxisme au Concile. Sur ces deux points, le Kremlin fut obéi.

Le concile, composé de 2 350 évêques, dont soixante provenant de pays contrôlés par la Russie, s'ouvrit le 11 octobre 1962.

Ils formèrent une procession impressionnante, avec le plus grand nombre de mitres jamais vu de notre temps, tandis qu'ils franchissaient la porte de bronze de Saint-Pierre ; gardiens de la foi, protecteurs de la tradition, en marche ; des hommes affirmés, sûrs de leur position, et donc capables d'inspirer confiance et opposition... Du moins en apparence. Peu de ceux qui les voyaient pouvaient deviner que nombre de ces pères graves et vénérables étaient, selon les règles de l'Église dont ils portaient les vêtements et à la demande de laquelle ils s'étaient réunis, excommuniés et anathèmes. La simple suggestion de l' aurait fait rire.

2.

Les préliminaires terminés, les membres du Concile étaient libres de poser des questions, de discuter et de comparer leurs notes dans les différents cafés qui avaient ouvert leurs portes ; et déjà, une humeur plus sobre et plus réfléchie, distincte de celle avec laquelle beaucoup avaient accueilli la convocation du Concile, se répandait dans l'assemblée. Dans certains cas, elle frôlait la désillusion. Ce n'était pas seulement une question de langue, même si, bien sûr, beaucoup de langues différentes étaient parlées. Mais certains des participants semblaient avoir peu de bases, non seulement en latin, mais aussi dans les fondements essentiels de leur foi. Leur formation n'était pas celle des catholiques orthodoxes et traditionnels ; et ceux qui faisaient partie de ce milieu et qui connaissaient bien les écrits de Heidegger et de Jean-Paul Sartre pouvaient déceler, dans les déclarations et même dans les remarques désinvoltes de trop nombreux prélats, les équivoques et le manque d'autorité habituels chez les hommes qui sont le produit de la pensée moderne.

Plus encore, certains ont fait savoir qu'ils ne croyaient pas à la transsubstantiation, et donc à la messe. Mais ils adhéraient fermement à la fierté de Nietzsche pour la vie et à la déification de la raison humaine, tout en rejetant l'idée d'un Absolu et le concept de création.

Un évêque d'Amérique latine a exprimé son étonnement en disant que beaucoup de ses confrères semblaient avoir perdu la foi. Un autre était franchement horrifié de découvrir que certains de ceux à qui il avait parlé, et qui n'avaient que temporairement mis de côté leur mitre, méprisaient toute mention de la Trinité et de la naissance virginale. Leur formation n'avait rien à voir avec la philosophie thomiste, et un vétéran de la Curie, habitué à la fermeté du pavé romain, a rapidement jugé les Pères conciliaires en les qualifiant de « deux mille bons à rien ». Parmi les plus amèrement déçus, certains ont déclaré qu'ils se contenteraient de faire acte de présence pendant une semaine ou deux, puis rentreraient chez eux.

Les représentants du Moyen-Orient se souvenaient d'un avertissement lancé par Salah Bitah, le Premier ministre syrien, lorsqu'il avait appris la convocation du Concile. Il avait des raisons de croire que le Concile n'était rien d'autre qu'un « complot international ». D'autres ont appuyé cette définition en produisant un livre, qui leur avait été remis à leur arrivée à l'aéroport, dans lequel il était dit que le Concile faisait partie d'un plan visant à détruire la doctrine et la pratique de l'Église, puis, à terme, l'institution elle-même.

Le ton général du Conseil fut rapidement donné, les « bons à rien », ou progressistes, comme on les appela, réclamant à grands cris la modernisation et une révision des valeurs au sein de l'Église, tandis que leurs opposants traditionalistes, ou orthodoxes, se montraient beaucoup moins actifs et beaucoup moins virulents. La différence entre les deux camps a été soulignée lors de l'ouverture de la première session, lorsque les progressistes ont adressé leur propre message au monde, afin de s'assurer que le concile « démarre du bon pied ».

Le pape Jean a poursuivi en déclarant que les cendres de saint Pierre vibraient d'une « exaltation mystique » à cause du concile. Mais tous ses auditeurs, et certainement pas les conservateurs parmi eux, ne souriaient pas. Peut-être pressentaient-ils déjà la défaite en regardant certains cardinaux, Suenens, Lienart, Alfrink, et des théologiens éminents tels que le dominicain Yves Congar, qui contribuait à des journaux de gauche français ; l'ultra-libéral Schillebeeckx, également dominicain et professeur de théologie dogmatique à l'université de Nimègue ; et Marie-Dominique Chenu, dont les écrits, comme lorsqu'il disait que « la grande analyse de Marx enrichit à la fois le présent et l'avenir par son courant de pensée », avaient fait froncer les sourcils de Pie XII ; tous ardents partisans du progrès, et peu soucieux du choix des armes utilisées pour l'atteindre.

Une autre figure influente était Montini, archevêque de Milan, qui rédigea et supervisa les documents relatifs à l' s premières étapes du concile. Sa réputation grandissait de jour en jour. C'était manifestement un homme d'avenir.

Le silence de la minorité passive, un silence qui admettait d'emblée la défaite, fut rapporté au pape Jean, qui l'attribua à la crainte et à la solennité inspirées par l'occasion.

3.

Ces pages ne tenteront pas de résumer le travail quotidien du Concile. Elles chercheront plutôt à mettre en évidence, à l'aide d', la fidélité avec laquelle le Concile a rempli les objectifs des progressistes, des libéraux, des infiltrés (appelez-les comme vous voulez) qui l'ont créé, ainsi que l'attitude moins efficace et moins déterminée de leurs adversaires.

Le premier groupe, composé en grande partie d'évêques germanophones, avait dès le début été actif dans les coulisses. Il avait été reçu en audience par le pape et avait discuté avec lui des changements liturgiques et d'autres sujets qui lui tenaient à cœur. Ils ont modifié le règlement intérieur pour l'adapter à leur politique et ont veillé à ce que les différentes commissions soient composées de personnes partageant leur point de vue. Ils ont déformé ou supprimé toute question qui ne servait pas leur cause. Ils ont bloqué la nomination d'opposants à tout poste où leur voix aurait pu se faire entendre, ont rejeté les résolutions qui ne leur plaisaient pas et se sont emparés des documents sur lesquels se fondaient les délibérations.

Ils étaient soutenus par la presse, qui était bien sûr contrôlée par le même pouvoir qui attisait les flammes de l'infiltration. En outre, les évêques allemands finançaient leur propre agence de presse. Ainsi, dans les reportages qui parvenaient au public, les évêques de gauche étaient présentés comme des hommes honnêtes, brillants et dotés d'une intelligence supérieure, tandis que ceux du camp adverse étaient stupides, faibles, obstinés et dépassés. De plus, la gauche avait derrière elle la puissance du Vatican et un bulletin hebdomadaire, rédigé par Montini, qui donnait le ton sur la manière dont les questions controversées seraient résolues par le concile. Ses remarques sur la réforme liturgique ont été popularisées par la presse et accueillies favorablement par ceux qui souhaitaient voir la messe réduite à un simple repas entre amis.

En repensant à cette époque, on ne peut s'empêcher de s'étonner de la négligence ou de la faiblesse avec laquelle leurs adversaires traditionnels ou orthodoxes ont affronté des mesures qui, pour des hommes de leur profession, menaçaient leur raison d'être. Ils n'ignoraient pas ce qui avait été prévu et ce qui se passait alors. Ils savaient qu'une cinquième colonne puissante, composée pour l'essentiel de membres de la hiérarchie ecclésiastique, œuvrait à la chute de l'Église occidentale. Mais ils ne firent rien de plus que respecter le protocole et surmonter le ressentiment qu'ils pouvaient éprouver par une obéissance innée. C'était presque comme si (à supposer que la moralité fût de leur côté) ils voulaient illustrer le dicton : « Les hommes bons sont faibles et fatigués ; ce sont les scélérats qui sont déterminés. »

Un facteur qui a contribué à faire pencher la balance a été l'âge. La plupart des Pères conciliaires appartenant à l'ancienne école traditionnelle avaient dépassé l'âge mûr et ne comptaient plus guère, à l'instar du cardinal Ottaviani, dont le nom avait autrefois pesé dans la Curie, qu'une arrière-garde presque méprisée.

Un autre membre du groupe, le vieil évêque de Dakar, reconnaissait inconsciemment cette réalité en secouant la tête devant la méthode dictatoriale avec laquelle les modernistes, dès les premières phases du concile, balayaient tout sur leur passage. « Tout cela, disait-il, a été organisé par un maître à penser. »

De leur côté, les modernistes méprisaient ouvertement tout ce qui était proposé par les éléments orthodoxes du concile. Lorsqu'une de leurs propositions fut soumise à une discussion préliminaire, un « père conciliaire » moderniste déclara que ceux qui l'avaient présentée « méritaient d'être envoyés sur la lune ». Mais malgré cela, les observateurs russes, malgré les premiers signes indiquant que le concile était prêt à suivre la ligne communiste, n'étaient pas entièrement satisfaits, même si Jean XXIII était loué pour avoir conservé son indépendance et pour ne pas être devenu le pantin de la droite.

Le correspondant de Tass regrettait toutefois la présence d'un trop grand nombre de « réactionnaires évidents » dans l'assemblée, un sentiment partagé par M. Mchedlov qui ajoutait : « Jusqu'à présent, les conservateurs purs et durs n'ont pas réussi à s'imposer. Ils n'ont pas réussi à transformer l'Église en un instrument de leur propagande réactionnaire. »

4.

Entre la fin de la première session du Concile, le 1er décembre 1962, et l'ouverture de la deuxième session, le 29 septembre de l'année suivante, le pape Jean, après une longue maladie, rendit son dernier souffle dans la soirée du lundi 3 juin 1963 ; et toutes les formes de publicité, qui, au cours des semaines précédentes, avaient rendu compte minute par minute du dernier souffle du pape à Rome, se remirent en action pour glorifier un homme qui avait fidèlement servi la cause pour laquelle il avait été placé sur le trône de Pierre, et mirent en branle une série d'événements destinés à réaliser, aux dépens de l'Église, une grande partie des objectifs fixés par les sociétés secrètes au cours des siècles.

Un membre éminent de la conspiration qui avait favorisé Jean XXIII, l'ancien docteur en droit canonique, Roca, commentait sèchement : « Le vieux pape, qui a rompu le silence et lancé la tradition de la grande controverse religieuse, va dans sa tombe » ; tandis qu'un hommage révélateur, qui devrait ouvrir les yeux de tous ceux qui trouvent encore offensante la mention d'un complot, a été écrit par Charles Riandey, grand maître souverain des sociétés secrètes, dans sa préface à un livre d'Yves Marsaudon,[11] ministre d'État du Conseil suprême des sociétés secrètes françaises : « À la mémoire d'Angelo Roncalli, prêtre, archevêque de Messamaris, nonce apostolique à Paris, cardinal de l'Église romaine, patriarche de Venise, pape sous le nom de *Jean XXIII*, qui a daigné nous donner sa bénédiction, sa compréhension et sa protection » (*c'est moi qui souligne*).

---

[11] *L'œcuménisme vu par un franc-maçon français.* (Paris, 1969).

Une deuxième préface du livre était adressée à « son auguste continuateur, Sa Sainteté le pape Paul VI ».

Jamais auparavant le décès d'un pape, en la personne de Jean XXIII, n'avait été aussi largement couvert. Même les journalistes les plus endurcis pleuraient à cette nouvelle. Les doigts des chroniqueurs, habitués aux sensations fortes, tremblaient sur les touches de leur machine à écrire. Seuls quelques-uns, qui savaient ce qui s'était passé dans la pièce obscure d'Istanbul, gardaient la tête haute et l'esprit libre de toute propagande, pensant qu'Angelo Roncalli était effectivement, comme le disaient les pieux, « allé recevoir sa récompense ».

La question de sa succession ne fit jamais vraiment débat. La convocation d'un conclave n'était guère plus qu'une formalité. Les mêmes voix qui avaient fait l'éloge du rosicrucien Jean XXIII réclamaient maintenant Montini, Montini de Milan. Les anglicans, qui n'avaient que faire d'un pape ayant une politique ou n'en ayant aucune, s'accordèrent à dire que Montini était l'homme de la situation.

Il avait en effet été préparé et formé à cette fonction par le pape Jean, qui avait fait de Montini son premier cardinal, alors que Pie XII avait toujours refusé la barrette rouge à celui qu'il savait être procommuniste. Montini était le seul cardinal non résident que Jean avait invité à vivre au Vatican, où ils échangeaient des conversations intimes et officieuses sur les résultats qu'ils attendaient tous deux du concile ; et le pape Jean avait rempli le Collège des cardinaux afin de s'assurer que Montini, en tant que son successeur, continuerait à promulguer les décrets hérétiques qu'ils favorisaient tous deux.

Les protestations les plus vives contre cette élection furent celles de Joaquin Saenz Arriaga, docteur en philosophie et en droit canonique, qui voyait un danger dans le fait qu'une grande partie du soutien dont bénéficiait Montini provenait de commentateurs laïques qui ne se souciaient pas du bien-être de l'Église, mais de sa chute. Certaines de ses références et qualifications auraient été exagérées, voire fausses.

Cependant, la décision d'un conclave, établie par l'usage, ne pouvait être remise en question ; et Montini, qui prit le nom de Paul VI, fut élu le 23 juin 1963.

5.

Giovanni Battista Montini était l'un de ces socialistes qui, bien que nés dans des conditions loin d'être modestes, sont prompts à ressentir le moindre signe de privilège chez les autres. Il est né le 26 septembre 1897 dans le nord de l'Italie, dans une famille très professionnelle (probablement d'origine hébraïque) qui, plus d'un siècle auparavant, avait été acceptée dans les annales de la noblesse romaine.

Son père, Giorgi Montini, éminent démocrate-chrétien, appartenait très probablement à une société secrète, ce qui explique en partie l'engagement ultérieur de son fils. Montrant très tôt des signes de vocation religieuse, le jeune Giovanni était d'une constitution si fragile qu'il fut autorisé à étudier à domicile plutôt qu'au séminaire, ce qui lui permit de développer des tendances sociales et politiques qui n'étaient pas celles d'un serviteur de l'Église normalement formé et discipliné.

Au moment où il prit ses premières fonctions régulières d'aumônier universitaire à Rome, il était déjà un homme de gauche confirmé. Mais cela ne l'empêcha pas de gravir progressivement les échelons dans un milieu conservateur, jusqu'à devenir secrétaire d'État par intérim du Vatican sous Pie XII.

Montini était depuis longtemps un admirateur des œuvres du philosophe Jacques Maritain, dont le système d'« humanisme intégral », qui rejetait la croyance autoritaire et dogmatique au profit d'une fraternité mondiale e incluant les non-croyants, avait gagné l'approbation de Jean XXIII.

Selon Maritain, l'homme était essentiellement bon, une vision qui le rendait moins sensible à la distinction fondamentale qui existe entre les formes d'existence séculières créées par l'homme et les exigences de la croyance en la nature divine du Christ et de l'Église.

Maritain et Montini rejetaient tous deux la vision traditionaliste de l'Église comme seul moyen d'atteindre la véritable unité mondiale. Cela avait peut-être été le cas dans le passé, mais un monde nouveau, plus sensible et plus apte à résoudre les problèmes sociaux et économiques, avait vu le jour. Et Montini, que Maritain considérait comme son disciple le plus influent, s'est fait le porte-parole de leur conviction lorsqu'il a déclaré : « Ne vous préoccupez pas des cloches des églises. Ce qui est nécessaire, c'est que les prêtres puissent entendre les sirènes des usines, comprendre les temples de la technologie où vit et prospère le monde moderne. » Il existe un document dont le contenu, à ma connaissance, n'a jamais ou presque jamais été rendu public. Il est daté du 22 septembre 1944, après avoir été rapporté le 28 août précédent, et se base sur des informations fournies le 13 juillet de la même année. Il figure aujourd'hui parmi les archives de l'Office of Strategic Services, qui est devenu plus tard la Central Intelligence Agency, la CIA.[12]

Il est intitulé « Togliatti et le Vatican établissent un premier contact direct » et traite des plans de révolutions sociales et économiques qui étaient en cours d'élaboration entre l'Église et l'un de ses ennemis les plus acharnés, le Parti communiste.

Voici un extrait : « Le 10 juillet, dans la maison d'un ministre démocrate-chrétien, le secrétaire d'État du Vatican par intérim, Mgr Giovanni Montini, s'est entretenu avec Togliatti, ministre communiste sans portefeuille du gouvernement Bonomi. Leur conversation a porté sur les raisons qui ont conduit à la compréhension entre les partis démocrate-chrétien et communiste.

Depuis son arrivée en Italie, Togliatti avait eu des entretiens privés avec des politiciens du Parti démocrate-chrétien. Ces contacts constituaient le contexte politique du discours prononcé

---

[12] Ce livre m'a été signalé par M. Michael Gwynn de la Britons Library.

par Togliatti au Teatro Brancaccio le dimanche 9 juillet et expliquaient l'accueil chaleureux réservé à ce discours par la presse catholique.

« Par l'intermédiaire des dirigeants du Parti démocrate-chrétien, Togliatti a pu transmettre au Vatican son impression sur l'opinion de Staline concernant la liberté religieuse, telle qu'elle est désormais acceptée par le communisme, et sur le caractère démocratique de l'accord entre la Russie et les nations alliées. D'autre part, le Saint-Siège a fait part à Togliatti, par les mêmes moyens, de son opinion sur le futur accord avec la Russie soviétique concernant la question du communisme en Italie, ainsi que dans d'autres nations.

La discussion entre Mgr Montini et Togliatti fut le premier contact direct entre un haut prélat du Vatican et un dirigeant communiste. Après avoir examiné la situation, ils reconnurent la possibilité pratique d'une alliance contingente entre catholiques et communistes en Italie, qui donnerait aux trois partis (démocrate-chrétien, socialiste et communiste) une majorité absolue, leur permettant ainsi de dominer toute situation politique.

Un projet provisoire a été élaboré afin de servir de base à un accord entre le Parti démocrate-chrétien et les partis communiste et socialiste. Ils ont également rédigé un plan définissant les grandes lignes d'une entente pratique entre le Saint-Siège et la Russie dans le cadre de leurs nouvelles relations. »

En résumé, Montini informa Togliatti que la position anticommuniste de l'Église ne devait pas être considérée comme définitive et que de nombreux membres de la Curie souhaitaient entamer des pourparlers avec le Kremlin.

Ces rencontres avec l'ennemi déplaisaient à Pie XII, qui en vint à regarder d'un œil de plus en plus défavorable son secrétaire d'État ; Montini, quant à lui, cherchait une faille dans l'armure du pape. Il en trouva une dans le fait que Pie XII avait obtenu des postes lucratifs pour certains de ses neveux ; et Montini exploita cette preuve du népotisme papal à fond, pour le plus grand plaisir de ses camarades socialistes et anticléricaux.

Pie XI réagit en démettant Montini de son poste confidentiel et en l'envoyant dans le nord, comme archevêque de Milan. Ce poste était auparavant occupé, de droit, par un cardinal, mais Montini n'obtint pas la barrette rouge avant 1958.

Là, il était libre de donner libre cours à ses sympathies politiques, qui allaient se déplacer de manière plus évidente vers la gauche. Certains de ses écrits, publiés dans le journal diocésain *L'Italia*, rendirent certains de ses prêtres méfiants à l'égard de leur supérieur, et en peu de temps, plus de quarante d'entre eux se désabonnèrent du journal. Mais leur désapprobation n'avait guère d'importance pour Montini qui, avec Maritain en arrière-plan, avait trouvé un partisan plus actif de ses opinions ultra-libérales.

Il s'agissait de Saul David Alinsky, un représentant typique du type d'agitateur qui affecte de nourrir un profond ressentiment à l'égard des cercles capitalistes dans lesquels il prend toujours soin d'évoluer et dont il tire largement profit.

Montini fut tellement impressionné par l'enseignement révolutionnaire d'Alinsky – connu comme l'apôtre de la révolution permanente – que les deux hommes passèrent deux semaines ensemble à discuter de la meilleure façon d'harmoniser les revendications de l'Église et celles des syndicats communistes. Il faut noter qu'Alinsky était aussi chanceux dans ses relations personnelles que dans ses relations financières. À la fin de leurs discussions, Montini déclara qu'il était heureux de se compter parmi les meilleurs amis d'Alinsky, tandis que Jacques Maritain, dans un état d'esprit qui trahissait l'adoucissement de sa vision philosophique, affirmait qu'Alinsky était l'un des « rares grands hommes de ce siècle ».

L'un des riches soutiens d'Alinsky – et cet avocat de la lutte des classes en avait plusieurs, parmi lesquels des combinaisons aussi étranges que la fondation Rockefeller et l'Église presbytérienne – était le millionnaire Marshall Field. Ce dernier contact avait contribué à renforcer l'image d'Alinsky aux yeux de Montini, car Marshall Field, qui avait publié un journal communiste, parrainé divers mouvements subversifs et traversé deux divorces et trois affaires matrimoniales, était resté un fidèle fils de l'Église – son compte en banque y veillait – et était un ami intime de l'évêque Shiel de Chicago.

Dans le même temps, Montini établit une relation, d'abord purement professionnelle, qui allait avoir des répercussions considérables dans une grande partie de l'Italie, y compris au Vatican, dans un avenir pas si lointain. Au cours de ses démarches pour régler les affaires financières complexes de l'Église, il rencontra un personnage louche, Michele Sindona, qui dirigeait un cabinet de conseil fiscal (du moins, c'était l'une de ses nombreuses activités) à Milan.

Sindona était un Sicilien né en 1919, issu de la formation hétérogène des jésuites, qui étudiait le droit lorsque les troupes britanniques et américaines envahirent l'île pendant la Seconde Guerre mondiale. La guerre permit également à un autre fléau de renaître en Sicile : la mafia.

Poussée dans la clandestinité par Mussolini, elle avait depuis refait surface, grâce au soutien proverbial des États-Unis et à l'aide complaisante du président Roosevelt qui, comme pratiquement tous les présidents américains depuis l'époque de Washington (lui-même un Illuminatus), était un fervent partisan des ramifications des sociétés secrètes. L'un des nombreux titres de Roosevelt était celui de Chevalier de Pythias, qui proclamait son appartenance à une société fondée sur le mythe du duo païen Damon et Pythias ; il portait également le fez rouge en tant que membre de l'Ancien Ordre Arabe des Nobles du Sanctuaire Mystique.

Sindona prospéra grâce aux conditions déplorables engendrées par la mafia et la guerre. Il se procura un camion et gagna bien sa vie en vendant des bricoles et des articles de première nécessité aux troupes. Il est douteux qu'il ait participé, comme certains le prétendent, à la transmission d'informations contre les Allemands et à la sabotage de leurs positions. Mais il s'est rapidement intégré au milieu des gangsters qui entouraient les commandants de l'armée américaine, qui faisaient leurs tournées dans une voiture de luxe offerte par la mafia en échange de services rendus.

Protégé et patronné par les Alliés, Sindona se retrouva rapidement à la tête d'un florissant marché noir d' s ; et à la fin de la guerre, suivant la trace de ceux qui avaient aiguisé son appétit pour l'argent, il tourna le dos au sud indigent et partit pour Milan, où il trouva en l'archevêque un collaborateur de choix.

L'arrivée au pouvoir de Montini fut marquée par l'arrivée à Rome de personnes qui consternèrent assez les observateurs les plus conventionnels des cérémonies vaticanes ; et comme le caractère romain est trop aigu pour se prêter à une simple hypocrisie, ils ont plus que senti la désapprobation des publicitaires proxénètes, des pseudo-artistes de tout genre, des ecclésiastiques sans conscience et des parasites divers qui affluaient vers le sud et plantaient leurs tentes métaphoriques à l'ombre de la coupole de Saint-Pierre.

Rome, déclaraient les détracteurs de Montini, était à nouveau envahie par les barbares du nord.

D'autres disaient que c'était la mafia. Ils n'étaient pas loin de la vérité. Car parmi les nouveaux arrivants se trouvait Michele Sindona, qui ne poussait plus sa brouette, mais se prélassait dans une voiture rutilante avec chauffeur et admirait sans doute les monuments papaux et impériaux qu'il croisait avec son regard d'homme d'affaires.

6.

Le pape Jean, s'exprimant au nom du concile qu'il avait convoqué et se référant à son objectif, avait déclaré : « Notre plus grande préoccupation est que le dépôt sacré de la doctrine catholique soit préservé. » L'Église ne doit jamais s'écarter « du patrimoine sacré de la vérité reçu des Pères ».

Il n'y avait rien d'étrange ni de révolutionnaire à cela. C'était une évidence depuis des générations. Mais au fur et à mesure que le concile avançait, le pape changea de ton et déclara que l'Église ne s'intéressait pas à l'étude des vieux musées ou des symboles de la pensée du passé. « Nous vivons pour progresser. Nous devons toujours aller de l'avant. La vie chrétienne n'est pas un ensemble de coutumes anciennes » ; et le pape Paul, quelques heures après son élection, annonça son intention de consolider et de mettre en œuvre le concile de son prédécesseur, d'une manière qui, comme nous le verrons, confirmait la deuxième déclaration du pape Jean.

Pour le lecteur profane, le résultat le plus remarquable du concile fut le changement des relations entre le communisme athée et l'Église ; et le fait qu'un revirement aussi surprenant ait pu se produire montre que Mazzini et ses complices n'avaient pas fait de faux calculs lorsqu'ils avaient, tant d'années auparavant, fondé leurs espoirs de détruire l'Église sur un concile général. Cela illustre également les méthodes employées par ceux qui, aussi élevés fussent leurs titres ecclésiastiques, étaient avant tout les partisans du credo révolutionnaire secret.

Le schéma sur le communisme fut accueilli favorablement par le cardinal polonais Wyszynsky, qui avait personnellement fait l'expérience de la vie derrière le rideau de fer. Six cents pères conciliaires le soutinrent et 460 signèrent une pétition demandant que soit renouvelée la condamnation de l', le matérialisme athée qui asservissait une partie du monde.

Pourtant, lorsque le rapport de la Commission sur l'Église dans le monde moderne a été rendu public, il n'a pas été fait mention du contenu de la pétition ; et lorsque ses auteurs ont demandé des explications, on leur a répondu que seuls deux votes avaient été exprimés contre le communisme.

Mais qu'était-il advenu, demandèrent certains signataires étonnés et déçus, du nombre bien plus important de ceux qui avaient approuvé la pétition ? On leur répondit que la question n'avait pas été portée à la connaissance de tous les Pères conciliaires, car environ 500 d'entre eux s'étaient rendus à Florence, où se déroulaient les célébrations en l'honneur de Dante.

Toujours insatisfaits, ceux qui avaient été si manifestement déjoués ont pressé le jésuite Robert Tucci, membre éminent de la commission compétente, de leur fournir une explication. Il leur a répondu que leurs soupçons étaient sans fondement. Il n'y avait eu ni marchandage, ni intrigue en coulisses. Cela signifiait simplement que la pétition avait « rencontré un obstacle en cours de route » et avait donc été bloquée.

Une autre explication était que l'intervention n'était pas arrivée dans les délais prescrits et était donc passée inaperçue.

La discussion se poursuivit, deux des pères conciliaires déclarant avoir remis en personne et dans les délais l'intervention signée au Secrétariat général ; et lorsque cela fut prouvé, ceux qui avaient jusqu'alors bloqué la condamnation du communisme firent marche arrière.

L'archevêque de Toulouse, Mgr Garonne, fut appelé pour régler la question, et il admit que la pétition était bien arrivée à temps, mais reconnut également la négligence de ceux qui auraient dû transmettre la question aux membres de la Commission. Leur manquement avait empêché l'examen de la pétition. Mais même ceux qui reconnaissaient leur erreur faisaient preuve d'incohérences.

L'archevêque a déclaré que 332 interventions avaient été remises. Un autre a cité le chiffre de 334, mais celui-ci a également été contredit lorsqu'il a été annoncé que le total des interventions arrivées à temps était de 297.

Il y eut une dernière tentative de la part de ceux qui souhaitaient que la condamnation initiale du communisme par l'Église soit réaffirmée. Elle prit la forme d'une demande de vérification des noms des 450 prélats qui avaient signé la pétition. Mais elle fut rejetée. La pétition avait été ajoutée aux documents relatifs à l'affaire, et ceux-ci n'étaient tout simplement pas disponibles. Ainsi, comme dans toutes les affaires de ce genre, les traditionalistes se découragèrent. Leur cause s'éteignit et les modernistes, confiants comme toujours, restèrent maîtres du terrain.

Leur victoire, et celle des sociétés secrètes qui ont manipulé le Concile, avait été préfigurée par le cardinal Frings, l'un des membres du consortium germanophone, lorsqu'il avait déclaré que toute attaque contre le communisme serait stupide et absurde, sentiments qui avaient été repris par la presse internationale contrôlée. Et dans le même temps, comme pour mettre en lumière la capitulation sans réserve de l'Église devant son ennemi (que beaucoup auraient jugée impensable il y a quelques années), le cardinal Josef Beran, archevêque de Prague en exil à Rome, reçut une coupure de presse d'un journal tchécoslovaque.

Dans cet article, l'un de leurs chefs de file politiques se vantait que les communistes avaient réussi à infiltrer toutes les commissions qui dirigeaient le concile, une affirmation qui se vérifia lorsque des tactiques similaires à celles décrites furent employées, avec le même succès, à chaque étape des sessions.

Un exemple typique s'est produit lors du débat sur les ordres religieux. Les orateurs de droite, qui avaient préalablement fait part de leur intention de prendre la parole, n'ont pas été autorisés à utiliser le micro. Celui-ci a toutefois été mis à la disposition de leurs adversaires de gauche, dont les noms n'avaient été communiqués que le matin même. Indignés d'avoir été réduits au silence, ils ont demandé une enquête officielle. Celle-ci leur a été refusée, et ils ont alors exigé de voir le prélat qui avait fait office de modérateur à cette occasion, le cardinal Dopfner. Mais celui-ci n'était pas disponible, étant parti pour un long week-end à Capri.

Lorsqu'ils ont réussi à obtenir un entretien, le cardinal s'est excusé, puis leur a demandé froidement de renoncer à leur droit de parole. Ce qu'ils ont naturellement refusé, sur quoi le cardinal a promis de lire à haute voix un résumé des discours qu'ils avaient préparés. Mais ceux qui s'étaient rassemblés dans la salle du Concile pouvaient à peine reconnaître les versions qu'ils entendaient. Elles avaient été considérablement raccourcies, leur sens était confus et, dans certains cas, falsifié. Puis, comme à leur habitude, les opposants abandonnèrent, vaincus par leur propre léthargie – ou était-ce par les revirements et la persévérance de ceux qui étaient venus au Concile avec un objectif précis et un schéma qui se répétait sans cesse tout au long des sessions ?

Un jour de fin octobre, l'attention du concile se concentra sur une silhouette qui se leva pour prendre la parole. Il s'agissait du cardinal Alfredo Ottaviani, l'un des membres les plus compétents de la Curie, qui incarnait les grands jours de Pie XII, ce qui lui valait le respect de certains et la crainte ou l'antipathie d'autres. Certains se dérobaient devant son regard qui, selon ses ennemis, était dû à son mauvais œil. Son regard pouvait en effet être déconcertant, car il était né dans le quartier pauvre du Trastevere, où une maladie des yeux, qui avait sévi sans être soignée, avait affligé de nombreuses personnes, et maintenant, à plus de soixante-dix ans, il était presque aveugle.

Quand il se levait, les progressistes du Concile échangeaient des regards significatifs. Ils savaient ce qui allait se passer. Il s'apprêtait à critiquer la nouvelle forme de la messe, œuvre de Mgr Annibale Bugnini (que nous proposerons d'examiner de plus près un peu plus loin).

Acclamée par les progressistes et déplorée par les traditionalistes comme une innovation fatale, elle avait provoqué une fracture plus profonde au sein du Concile que tout autre sujet.

Personne ne doutait du camp dans lequel Ottaviani se rangerait, et ses premiers mots le confirmèrent : Cherchons-nous à susciter l'étonnement, voire le scandale, parmi le peuple chrétien, en introduisant des changements dans un rite si vénérable, approuvé depuis tant de siècles et désormais si familier ? Le rite de la Sainte Messe ne doit pas être traité comme s'il s'agissait d', d'un morceau de tissu à remodeler selon les caprices de chaque génération...

Le temps de parole était limité à dix minutes. Le cardinal Alfrink, qui présidait la séance, avait le doigt sur la sonnette d'alarme. Cet orateur était trop zélé et ce qu'il avait à dire était déplaisant pour beaucoup. Les dix minutes s'écoulèrent. La cloche sonna et le cardinal Alfrink fit signe à un technicien qui coupa le micro. Ottaviani confirma ce qui s'était passé en tapotant l'instrument. Puis, totalement humilié, il retourna en titubant à sa place, tâtonnant avec ses mains et cognant contre les boiseries. Certains parmi les Pères conciliaires ricanèrent. D'autres applaudirent.

Ces pages n'ont pas pour but de traiter de l'autorité papale. Mais il faut en parler, même brièvement, car ceux qui doutent encore de l'implication de la société secrète et du degré de pouvoir que je lui ai attribué pourraient faire valoir que l'une de leurs affirmations les plus extrêmes, « La papauté tombera », ne s'est pas réalisée. Car la papauté existe toujours.

Elle existe, certes. Mais elle a cédé la place à un esprit de collectivisme qui n'aurait jamais été crédible à l'époque où Pierre et ses successeurs, en vertu de l'autorité conférée à Pierre par le Christ, étaient connus pour avoir reçu la juridiction suprême sur l'Église.

Alors même que le concile était encore en session, nombre de ses membres, menés par l'évêque de Baltimore, niaient la doctrine de l'infaillibilité papale qui, en se rapportant spécifiquement à la foi et à la morale, était beaucoup plus restrictive que beaucoup ne le pensent ; et des initiatives similaires ailleurs ont conduit à son remplacement par une nouvelle définition maladroite : la collégialité épiscopale des évêques.

Une telle délégation de pouvoir est désormais effective. Une plus grande responsabilité a été transférée aux évêques, et l'acceptation générale de ce changement s'est accompagnée d'un déclin correspondant du monopole du pouvoir papal.

Ce n'est peut-être qu'un premier pas vers la réalisation de cette affirmation confiante : « La papauté tombera ».

7.

Annibale Bugnini, créé archevêque titulaire de Dioclentiana par Paul VI en 1972, avait toutes les raisons d'être satisfait. Son service de toute une vie à l'Église dans le domaine des études liturgiques et de la réforme avait été récompensé. Il était désormais, en tant que secrétaire de la Commission pour l'application de la Constitution sur la liturgie, une figure clé de la révolution qui était en gestation depuis treize ans. Même avant l'ouverture du Concile Vatican II, il était déjà bien placé pour jouer un rôle décisif dans l'avenir de l'Église, dont une grande partie dépendait de la messe, pour laquelle il avait compilé de nouveaux rites et un nouvel ordre, signe d'un progrès encore plus grand à venir.

Son travail consistait à réformer les livres liturgiques et à passer du latin à la langue vernaculaire, le tout par étapes faciles qui ne devaient pas alarmer les fidèles. L'imposition de règles nouvelles et différentes était si bien réussie que le cardinal Villot, l'un de leurs promulgateurs, pouvait affirmer qu'après seulement douze mois, pas moins de cent cinquante changements étaient déjà en vigueur ; quant à la disposition obsolète selon laquelle « l'usage du latin sera maintenu dans les rites latins », la messe était déjà célébrée en trente-six dialectes, en patois, voire dans une sorte d'argot courant.

Bugnini avait en effet, avec l'approbation de Paul VI, mis en pratique le programme de Luther, dans lequel il était reconnu que « lorsque la messe sera détruite, la papauté sera renversée, car la papauté s'appuie sur la messe comme sur un roc ». Il est vrai qu'un opposant orthodoxe, Dietrich von Hildebrand, avait qualifié Bugnini de « mauvais esprit de la réforme liturgique ». Mais aucune considération de ce genre ne traversait l'esprit de l'archevêque lorsqu'un jour de 1975, il quitta une salle de conférence où il avait assisté à une réunion de l'une des commissions où il avait voix au chapitre, et commença à monter un escalier d'. Soudain, il s'arrêta. Ses mains, qui auraient dû porter une mallette, étaient vides. La mallette, qui contenait beaucoup de ses documents, avait été oubliée dans la salle de conférence. N'étant pas du genre à se presser, car il était corpulent et avait besoin d'exercice, il revint en courant et jeta un coup d'œil sur les chaises et les tables. La mallette était introuvable.

Dès la fin de la réunion, un frère dominicain était entré pour remettre la salle en ordre.

Il remarqua rapidement la mallette et l'ouvrit dans l'espoir d'y trouver le nom de son propriétaire. Il mit de côté les documents relatifs à la Commission, puis tomba sur un dossier contenant des lettres.

Effectivement, il y avait le nom de la personne à qui elles avaient été envoyées, mais – et le dominicain eut le souffle coupé – le titre n'était pas « Son Excellence » ou « Monseigneur Annibale Bugnini, archevêque de Dioclentiana », mais « Frère Bugnini », tandis que les signatures et le lieu d'origine indiquaient qu'elles provenaient de dignitaires de sociétés secrètes à Rome.

Le pape Paul VI, qui était bien sûr mis dans le même sac que Bugnini, prit rapidement des mesures pour empêcher le scandale de se propager et pour apaiser la consternation des progressistes qui, innocents de toute malice, n'avaient d'autre opinion que celle dictée par les médias. Bugnini aurait dû être démis de ses fonctions, ou du moins réprimandé. Mais au lieu de cela, pour sauver les apparences, il fut nommé nonce apostolique en Iran, un poste où il n'y avait guère besoin d'embellir la diplomatie, puisque le gouvernement du Shah n'avait que faire des religions occidentales, et où le prêtre qui eut le malheur d'y être exilé, même si ce n'était que pour un temps, trouva sa fonction aussi limitée que son environnement, qui se composait de meubles clairsemés dans deux pièces d'une maison par ailleurs vide.

Le démasquage de Bugnini a été poussé plus loin lorsque l'écrivain italien Tito Casini, troublé par les changements dans l'Église, l'a révélé dans La fumée des satans, un roman publié en avril 1976. Puis vinrent les démentis et les esquives attendus. Une source vaticane déclara que les raisons du renvoi de Bugnini devaient rester secrètes, tout en admettant que les motifs qui l'avaient motivé étaient « plus que convaincants ». Le Figaro publia un démenti au nom de Bugnini, niant tout lien avec une société secrète. Le Bureau d'information catholique contredit son nom en professant une ignorance totale de l'affaire. L'archevêque Bugnini nia à plusieurs reprises toute affiliation à une société secrète. Tout cela semble bien futile puisque le Registre italien révèle qu'il a rejoint l'une de ces sociétés le 23 avril 1963 et que son nom de code était Buan.

8.

Le 8 décembre 1965, le pape Paul VI, face aux évêques réunis, leva les deux bras au ciel et déclara : « Au nom de Notre Seigneur Jésus-Christ, allez en paix. »

Le Concile Vatican II était terminé ; et ceux qui avaient entendu le pape Paul donnèrent libre cours aux sentiments de victoire ou de défaite qui avaient surgi parmi eux pendant les réunions.

Les conservateurs étaient ressentiment, indignés et laissaient entendre une contre-offensive qui ne devait jamais voir le jour. Ils convenaient entre eux que le progrès de l'Église avait été stoppé par une mesure à la fois imprudente et inutile. L'un de leurs porte-parole, le cardinal Siri, parlait de résistance. « Nous ne serons pas liés par ces décrets » ; mais les décrets furent en fait mis en œuvre, comme le pape Paul l'avait promis, à la stupéfaction croissante des catholiques pour qui l'Église, désormais en proie aux nouveautés et au désordre, avait perdu son autorité.

Les libéraux ou progressistes, sûrs d'avoir mené à bien les desseins des sociétés secrètes, exultaient. Le concile, disait le théologien suisse Hans Kung, avait plus que réalisé les rêves de *l'avant-garde*. Le monde entier de la religion était désormais imprégné de son influence, et aucun membre du concile « ne rentrerait chez lui tel qu'il était venu ». « Moi-même, poursuivait-il, je ne m'attendais pas à tant de déclarations audacieuses et explicites de la part des évêques au Concile ».

Dans le même état d'esprit, le dominicain Yves Congar, un gauchiste de longue date, annonça que les échecs passés de l'Église avaient été causés par son imprégnation de l'esprit de la culture latine occidentale. Mais cette culture, se réjouissait-il d'annoncer, avait fait son temps.

Le réformateur le plus radical, le cardinal Suenens, exécuta une danse guerrière mentale triomphante. Il se remémora le concile de Milan, tenu en 313, au cours duquel l'empereur Constantin accorda une tolérance totale aux chrétiens et plaça leur foi sur un pied d'égalité avec ce qui était jusqu'alors la religion officielle de l'État. Ce décret avait toujours été un événement marquant dans l'histoire de l'Église. Mais désormais, le primat belge, connu de ses complices sous le nom de Lesu, pouvait jeter par-dessus bord tous ces souvenirs qui avaient marqué leur époque. Il était du côté des vainqueurs. Il défiait ceux qui n'étaient pas d'accord avec lui. « L'ère de Constantin est révolue ! » De plus, il affirmait pouvoir dresser une liste impressionnante de thèses qui, enseignées hier encore à Rome, étaient considérées comme vraies, mais à l', les pères conciliaires avaient claqué des doigts.

Ces signes avant-coureurs ont été reconnus par Malachi Martin, ancien jésuite et professeur à l'Institut biblique pontifical de Rome. « Bien avant l'an 2000, disait-il, il n'y aura plus d'institut religieux reconnaissable comme l'Église catholique romaine et apostolique d'aujourd'hui... Il n'y aura plus de contrôle centralisé, plus d'uniformité dans l'enseignement, plus d'universalité dans la pratique du culte, de la prière, du sacrifice et du sacerdoce. »

Peut-on déceler les premiers signes de cela dans le rapport de la Commission internationale anglicane-catholique romaine publié en mars 1982 ?

Une évaluation plus précise de la période postconciliaire que celle faite par Malachi Martin est apparue dans *l'American Flag Committee Newsletter*, en 1967. Commentant « la détérioration la plus marquée et la plus rapide de la détermination anti-bolchevique du Vatican » depuis l'époque de Pie XII, il poursuit en disant qu'en moins d'une décennie, l'Église s'est transformée « d'ennemie implacable du communisme en défenseur actif et assez puissant de la coexistence avec Moscou et la Chine rouge ». Dans le même temps, les changements révolutionnaires apportés à ses enseignements séculaires ont rapproché Rome non pas du protestantisme traditionnel, comme le supposent de nombreux laïcs catholiques, mais du néo-paganisme humaniste du Conseil national et mondial des Églises. »

Mais si le concile n'a rien accompli d'autre, il a permis aux restaurateurs de prospérer. En effet, quelque 500 000 tasses de café ont été vendues dans les bars.

Quatrième partie

Le diable a retrouvé ses droits de citoyen dans la République de la culture.

Giovanni Papini.

La publicité a atteint son paroxysme lorsqu'il a été annoncé, à l'été 1965, que le pape Paul se rendrait à New York plus tard dans l'année pour s'adresser à l'Assemblée des Nations unies. Cet événement était présenté comme extrêmement important et susceptible d'avoir des répercussions mondiales, mais certains se demandaient pourquoi les milieux non catholiques, voire anticatholiques, manifestaient le même enthousiasme que lors de l'élection de Jean XXIII.

Se pouvait-il que la même puissance tire les ficelles en coulisses pour influencer le ton de la presse, de la radio et de la télévision ? Nous avons déjà évalué, dans une certaine mesure, le caractère et les tendances de Paul VI. Examinons maintenant la formation et la composition des Nations Unies.

D'inspiration essentiellement communiste, sa charte, signée en 1943, était basée sur la Constitution de la Russie soviétique, tandis que ses objectifs et ses principes avaient été définis lors d'une conférence des ministres des Affaires étrangères tenue à Moscou.

Les secrétaires du Conseil de sécurité des Nations unies, entre 1946 et 1962, étaient Arkady Sobelov et Eugeny Kiselev, tous deux communistes. Une figure de proue de l'Organisation des Nations unies pour l'éducation, la science et la culture (,

UNESCO) était Vladimir Mailmovsky, communiste. La secrétaire générale de l'UNESCO était Madame Jegalova, communiste ; tandis que le président, le vice-président et les neuf juges de la « Cour internationale de justice » étaient tous communistes.

Pourtant, ces personnes étaient typiques de celles que Paul VI couvrait d'éloges et vers lesquelles il se tournait pour le salut du monde ; tandis que la presse et la radio, soumises au même contrôle international que les Nations Unies, continuent de parler de cet organisme comme étant digne de respect.

Se présentant comme strictement neutre et ayant pour objectif déclaré de promouvoir la paix mondiale, elle a rapidement montré un parti pris évident en faveur des mouvements de guérilla d'inspiration communiste dont le but, dans plusieurs parties du monde, était de renverser les gouvernements en place. Cela a été fait sous le prétexte de libérer les peuples de l'oppression, mais le but ultime de l'Assemblée, à l'époque comme aujourd'hui, était d'instaurer un système totalitaire dans lequel la souveraineté nationale et les cultures disparaîtraient.

Par ailleurs, comme l'ont clairement montré les organisations sociales et économiques secondaires issues de l'Assemblée, il en résulterait une censure virtuelle dont la voix serait principalement athée.

En effet, on avait remarqué que les pays les plus orthodoxes, tels que l'Italie, l'Autriche, l'Espagne, le Portugal et l'Irlande, avaient été exclus de la fondation initiale de l'Assemblée, tandis que la Russie bolchevique, grâce à son siège permanent au Conseil de sécurité, disposait d'un droit de veto qui pouvait réduire les décisions de l'Assemblée à une simple déclaration sans effet, un jugement qui peut être porté à juste titre sur toutes les délibérations des Nations unies depuis leur création jusqu'à aujourd'hui.

Des preuves plus concrètes de ces critiques peuvent être apportées lorsque l'on examine le parcours d'un criminel professionnel qui, par le biais des Nations unies, a fini par occuper une place prépondérante dans la vie européenne. Il s'agit de Meyer Genoch Moisevitch Vallakh, ou Wallach, qui, avant « la guerre de 1914 », émergea du contexte tumultueux de la vie politique russe en tant que personnage « recherché » qui trouva plus sûr et plus gratifiant d'étendre ses activités à des pays qui étaient, jusqu'alors, moins perturbés.

Travaillant sous divers noms, dont Buchmann, Maxim Harryson, Ludwig Nietz, David Mordecai et Finkelstein, il s'est fait connaître à Paris en 1908, lorsqu'il a participé au vol de deux cent cinquante mille roubles à la Banque de Tiflis. Il a été expulsé, mais peu après, il a de nouveau eu des ennuis pour avoir fait le trafic de billets de banque volés.

Sa chance arriva en 1917, lorsque la révolution russe le propulsa, lui et ses semblables, sur le devant de la scène. Sous le pseudonyme respectable de Maxim Litvinoff, il devint commissaire soviétique aux Affaires étrangères. Il gravit ensuite les échelons jusqu'à la présidence du Conseil de la Société des Nations. Il arriva ensuite à Londres en tant qu'ambassadeur soviétique à la Cour de Saint-James, où il devint une figure familière et influente dans les cercles royaux et diplomatiques.

Pour illustrer davantage le déclin de nos affaires publiques et politiques à l', on peut noter que le premier secrétaire général des Nations unies était Alger Hiss, qui avait été condamné pour parjure par les tribunaux américains. Il a joué un rôle de premier plan dans l'élaboration de la Charte des Nations unies selon les principes communistes russes.

Ces considérations n'ont toutefois pas pesé lourd dans l'esprit des fidèles, qui pensaient que le discours et l'apparition du pape devant un public mondial constitueraient une occasion en or pour faire progresser l'enseignement papal. Cela allait frapper de plein fouet un monde dubitatif et inquiet avec une certitude qu'il n'avait jamais connue auparavant. De nombreux auditeurs, pour la première fois de leur vie, seraient confrontés à la réalité de la religion. Seule l'Église avait quelque chose de vraiment important à dire, qui pouvait donner un sens spirituel à la routine quotidienne.

Un demi-siècle auparavant, Pie X avait publié des directives et indiqué des lignes directrices qui étaient pertinentes partout et à tout moment. Mais son auditoire était aussi limité que ses moyens de se faire entendre. Il appartenait maintenant au pape Paul de faire écho aux paroles de son prédécesseur, mais cette fois-ci devant une assemblée presque universelle, accessible grâce au médium des Nations Unies.

Pie avait déclaré : « Je n'ai pas besoin de souligner que l'avènement de la démocratie mondiale n'a aucune incidence sur l'œuvre de l'Église dans le monde [...] la réforme de la civilisation est essentiellement une tâche religieuse, car la véritable civilisation présuppose un fondement moral, et il ne peut y avoir de fondement moral sans religion véritable [...] c'est une vérité que l'histoire démontre. »

Mais le pape Paul n'avait pas l'intention d'approuver les propos de Pie. Car au lieu d'un chef religieux s'exprimant le 4 octobre 1965, c'était peut-être un disciple de Jean-Jacques Rousseau qui pontifiait sur la déification de la nature humaine qui, trouvant son expression dans la Déclaration des droits de l'homme du 12 août 1789, avait conduit à la Révolution française.

Les droits de l'homme, définis avec enthousiasme comme étant la liberté, l'égalité et la fraternité, ont conduit au culte de l'homme et à son élévation à la place de Dieu ; il s'ensuivit que toutes les formes religieuses et les institutions telles que le pouvoir, la vie familiale et la propriété privée furent dénigrées comme faisant partie de l'ancien ordre qui était sur le point de disparaître.

Lorsque les effets du Concile Vatican II sont devenus apparents, le docteur Rudolf Gruber, évêque de Ratisbonne, a été amené à observer que les idées principales de la Révolution française, « qui représentent un élément important du plan de Lucifer », étaient adoptées dans de nombreux domaines du catholicisme. Et le pape Paul, s'adressant directement à une batterie de microphones qui retransmettaient ses paroles dans le monde entier, en a donné de nombreuses preuves.

Il ne fit aucune référence aux revendications spirituelles ou à l'importance de la religion. « Voici le jour que nous avons attendu pendant des siècles... C'est l'idéal dont l'humanité a rêvé tout au long de son parcours à travers l'histoire... Nous oserions l'appeler le plus grand espoir du monde... C'est votre tâche ici, a-t-il déclaré aux membres de l'Assemblée, de proclamer les droits et les devoirs fondamentaux de l'homme... Nous sommes conscients que vous êtes les interprètes de tout ce qui est permanent dans la sagesse humaine ; nous pourrions presque dire de son caractère sacré. »

L'homme avait désormais atteint sa maturité et était qualifié pour vivre selon une morale philosophique qui, ne devant rien à l'autorité, était créée par lui-même. Les Nations Unies, destinées à jouer le rôle principal dans le monde, étaient « le dernier espoir de l'humanité ». C'est donc vers les structures laïques que l'homme devait se tourner pour trouver la stabilité et la rédemption de l'humanité ; en un mot, vers lui-même ; des sentiments qui n'auraient pas été déplacés dans les salles de réunion de la Révolution française ; des sentiments que personne n'aurait pensé entendre de la bouche d'un pape, car ils étaient dépourvus de toute référence aux revendications et au message traditionnel de l'Église.

Que cela ait été compris et apprécié, l'a montré l'accueil qui lui a été réservé à la fin de son discours par ceux d'une certaine tendance politique qui constituaient la grande majorité de son auditoire. Il était entouré de représentants de la Russie, de la Chine et des États satellites de l'Union soviétique qui lui donnaient des tapes dans le dos et lui serraient la main. Il organisa d'autres rencontres, quatre au total, avec le ministre soviétique des Affaires étrangères Gromyko (de son vrai nom Katz) et son épouse. Il reçut les félicitations de Nikolai Podgorny, membre du Politburo, et eut des échanges chaleureux avec l' e Arthur Goldberg, membre éminent du Parti communiste.

Le pape Paul avait ouvert le monde de la religion à ses ennemis de longue date, les champions de la réforme sociale qui niaient la révélation. Le « dialogue » était désormais très en vogue, et la perspective de pourparlers entre Moscou et le Vatican était considérée comme acquise. Le plus haut dignitaire religieux du monde avait propagé l'évangile social, si cher au cœur des révolutionnaires, sans faire la moindre allusion aux doctrines religieuses qu'ils jugeaient pernicieuses. Les différences entre les deux camps n'étaient pas aussi profondes et irréconciliables qu'on l'avait cru autrefois. Le pape et ceux qui se pressaient autour de lui, parfois en se serrant les mains à deux mains, pouvaient désormais être des alliés.

Il ne restait plus qu'à couronner cette visite véritablement historique par un rite initiatique qui scellerait cette nouvelle prise de conscience.

2.

« Voici ton roi qui vient à toi, humblement monté sur un âne. » C'est ainsi que saint Matthieu (21,5) décrit l'entrée du Christ à Jérusalem.

Mais ce n'est pas ainsi que le représentant du Christ a parcouru Broadway. Le pape Paul voyageait dans une Lincoln décapotable pouvant accueillir sept personnes, à travers une forêt de drapeaux et de banderoles, escorté par des motards de la police et des milliers d'autres policiers alignés le long du parcours et retenant la foule qui ne savait pas trop s'il fallait se lever, s'agenouiller ou s'incliner en attendant une bénédiction, et s'il fallait agiter la main ou lever le bras en signe de salut ; avec deux hélicoptères de surveillance qui vrombissaient et tournaient au-dessus de nos têtes, des sirènes qui retentissaient et, sur presque tous les bâtiments, des lumières fluorescentes qui rivalisaient inutilement avec la lumière du jour, et le bâtiment de la Plaza des Nations Unies qui affichait en lettres géantes « Bienvenue, Pape Paul VI ».

Cela faisait suite à une question posée au pape Paul par le cardinal Vagnozzi, délégué apostolique à New York. Quel était le prochain objectif de sa visite ?

La salle de méditation dans le bâtiment des Nations Unies, lui répondit Paul.

Le cardinal fut surpris, choqué. Il avait de bonnes raisons d'affirmer que le Saint-Père ne pouvait pas s'y rendre.

Mais il y est allé.

Cette salle, qui en comptait deux autres, l'une à Wainwright House, Stuyvesant Avenue, Rye, New York, et l'autre au Capitole des États-Unis, représentait la première étape d'un projet dont la réalisation devait se concrétiser par la construction de ce qu'on appelait le Temple de la Compréhension, sur un terrain de cinquante acres le long des rives du Potomac à Washington, D.C.

Ce projet s'inscrivait dans le cadre d'un plan visant à former un organisme mondial interreligieux, élaboré par une certaine Mme Judith Dickerman Hollister, qui révéla son penchant anti-traditionnel et pro-mystique en se convertissant au shintoïsme. À ce titre, elle croyait au mythe japonais selon lequel deux parents divins universels descendirent sur une île faite de gouttes de sel. Là, la déesse donna naissance à d'autres îles, avec des montagnes et des rivières, puis à toute une galaxie de dieux. Après cet exploit étonnant, la dame se retira de sa demeure entourée par la mer et ne fut plus jamais revue.

Ainsi armée d'un air mystérieux, d'une suggestion d'illumination intérieure et d'une attitude excentrique, Mme Hollister trouva une fervente partisane en la personne de la femme du président, Eleanor Roosevelt, que certains de ses proches jugeaient quelque peu en dessous de la normale sur le plan mental.

Il n'y avait alors qu'un pas à franchir pour obtenir le soutien du gouvernement américain, tandis que John D. Rockefeller et plusieurs de ses associés du front communiste qu'il avait fondé contribuaient à ce qu'on appelait les Nations unies spirituelles. Un autre millionnaire procommuniste, Marshall Field, déjà connu pour être le mécène de l'anarchiste Saul David Alinsky, aida à financer la décoration de la salle. La Fondation Ford apporta également son soutien financier.

Un bulletin soigneusement rédigé, censé traiter de la signification et de l'objectif de la salle, a été produit par la Lucis Press, qui publie des documents pour les Nations Unies. Les personnes méfiantes à l'égard de l' e trouveront matière à réflexion dans le fait que cette maison d'édition, lorsqu'elle a vu le jour au début du siècle, était connue sous le nom de Lucifer Press. Elle est aujourd'hui située au 3 Whitehall Court, Londres, S.W.1.

Ce titre aurait très bien pu être conservé pour désigner la création de Mme Hollister, car cette salle (ce qui explique le choc ressenti par le cardinal Vagnozzi) était un centre des Illuminati, dédié au culte de l'Œil qui voit tout, qui, sous un système d'allégories et de secrets voilés, tels que traduits par les Maîtres de la Sagesse, était voué au service des cultes païens et à l'éradication du christianisme au profit des croyances humanistes.

3.

Deux portes, chacune munie de panneaux de verre teinté, mènent à la pièce. Un garde se tient à l'extérieur, et un autre est posté juste à l'intérieur de la porte. Le visiteur est plongé dans une semi-obscurité et un silence dans lequel ses pas sont absorbés par un épais tapis bleu au sol. Un passage intérieur voûté, toujours dominé par une atmosphère de calme nocturne, s'ouvre sur un espace d'environ dix mètres de long, en forme de coin, sans fenêtre, où une lumière jaune solitaire, qui semble provenir de nulle part, scintille à la surface d'un autel qui se dresse au centre, un bloc de minerai de fer cristallin à hauteur de taille qui pèse entre six et sept tonnes.

Des tapis bleus sont étendus sur le sol, qui est par ailleurs pavé de dalles d'ardoise bleu-gris. Au fond de la pièce, là où la pénombre se fond dans l'ombre totale, se trouve une balustrade basse que seuls les privilégiés sont autorisés à franchir.

La fresque murale, haute de plus de deux mètres et large d'environ un mètre, est éclairée par une lumière provenant du haut. Encadrée dans un panneau d'acier, elle semble être un ensemble apparemment dénué de sens de motifs géométriques bleus, gris, blancs, bruns et jaunes. Mais pour ceux qui sont versés dans la compréhension ésotérique, les croissants et les triangles présentent une forme définie qui prend forme, au centre et dans le cercle extérieur de la fresque, comme l'œil des Illuminati.

Cependant, l'attention ne se concentre pas sur la fresque, mais sur l'autel dédié à « celui qui n'a pas de visage », d'où semble émaner le mystère qui règne dans la pièce. Et à mesure que les sens s'éveillent, on se rend compte que d'autres lumières tamisées, dissimulées dans un faux plafond qui correspond à la taille de la pièce, renforcent l'impression sombre donnée par la poutre de l'autel.

À la fin de sa mission, le pape Paul VI s'est vu remettre une maquette du futur Temple de la Compréhension. Les Maîtres ont réservé un accueil similaire au cardinal Suenens, qui a ensuite visité la salle de méditation ; en retour, des représentants du Temple ont été reçus au Vatican.

L'objectif sous-jacent du Temple était clairement révélé par son plan, avec l'œil qui voit tout, facetté comme un diamant dans le dôme central du bâtiment, reflétant les rayons du soleil à travers des ailes qui représentaient les six religions du monde : le bouddhisme, l'hindouisme, l'islam, le judaïsme, le confucianisme et le christianisme.

Le même symbolisme figurait lors d'un banquet auquel assistaient quelque cinq cents partisans du syncrétisme au Waldorf Astor, où une petite scène fut mise en scène lorsqu'un enfant, tenant en l'air le modèle d'un œuf, fut présenté à la présidente du Temple, Mme Dickerman Hollister. Elle tapota l'œuf avec une baguette, et la coquille tomba pour révéler un arbre à six branches dorées.

Avant de quitter l'Amérique, le pape Paul, pour souligner son renoncement volontaire à l'autorité spirituelle, fit mine de se dépouiller des symboles et des insignes de l'Église. Il donna l'anneau papal en diamants et rubis, ainsi que sa croix pectorale en diamants et émeraudes - les deux contenant quatre cent quatre diamants, cent quarante-cinq émeraudes et vingt rubis - au bouddhiste U Thant, alors secrétaire général des Nations unies.

Un bijoutier avait estimé que les bijoux seuls, indépendamment de leur valeur traditionnelle, valaient plus de cent mille dollars. Ils ont été vendus aux enchères pour soixante-quatre mille dollars, après quoi l'acheteur les a revendus à un certain M. David Morton, d'Orono, dans le Minnesota.

Certains éléments de ces bijoux papaux ont ensuite été aperçus sur une artiste féminine qui se produisait dans le spectacle télévisé de Carson.

La bague « et la croix continuèrent à circuler entre les mains de marchands, de salles de vente aux enchères et de brocanteurs haut de gamme, et on les retrouva finalement parmi les articles proposés à la vente sur un marché à Genève.

Cette abnégation faisait suite à la démonstration publique du pape Paul renonçant à la tiare, la triple couronne qui symbolise la Trinité, l'autorité et les pouvoirs spirituels de l'Église. La couronne était remise au pape lors de son couronnement avec les mots suivants : « Reçois cette tiare ornée de trois couronnes et sache que tu es le père des princes et des rois, le guide du monde et le vicaire de Jésus-Christ sur terre. »

Le pape Paul fit savoir qu'il renonçait à la couronne au profit des pauvres du monde, un motif qui fut largement repris par la presse et qui « fut bien accueilli » par le public. Mais il renonçait à quelque chose qui ne lui avait jamais appartenu et qui n'était donc pas transférable. De plus, un seul mot de sa part aurait suffi pour que toutes les missions et organisations caritatives de l'Église à travers le monde ouvrent leurs bourses aux pauvres. Au lieu de cela, il fit un geste théâtral en se débarrassant des signes extérieurs de dignité religieuse qui, comme lui et ses semblables le savaient bien, n'étaient qu'un petit pas qui, ajouté à d'autres du même genre, s'inscrivait dans le processus d'affaiblissement de la signification interne de l'Église.

Il a également utilisé un symbole sinistre, utilisé par les satanistes au VIe siècle, qui avait été remis au goût du jour à l'époque du Concile Vatican II. Il s'agissait d'une croix tordue ou brisée sur laquelle était représentée une figure repoussante et déformée du Christ, que les magiciens noirs et les sorciers du Moyen Âge avaient utilisée pour représenter le terme biblique « marque de la bête ».

Mais non seulement Paul VI, mais aussi ses successeurs, les deux Jean-Paul, ont porté cet objet et l'ont présenté à la vénération des foules qui n'avaient pas la moindre idée qu'il représentait l'Antéchrist. De plus, cette exposition d'une figure desséchée sur un bâton tordu était interdite par le canon 1279, qui condamnait l'utilisation de toute image sacrée qui n'était pas conforme à l'usage approuvé par l'Église. Son utilisation à des fins occultes peut être constatée dans les gravures sur bois exposées au Musée de la sorcellerie de Bayonne, en France.

Un autre aspect troublant de la visite du pape Paul aux États-Unis fut son apparition au Yankee Stadium de New York, vêtu de l'éphod, l'ancien vêtement orné d'un pectoral composé de douze pierres représentant les douze fils de Jacob, tel que le portait Caïphe, le grand prêtre du Sanhédrin qui avait demandé la crucifixion du Christ.

Comme si cette innovation tout à fait inutile ne lui suffisait pas, Sa Sainteté a continué à porter ce symbole non chrétien à d'autres occasions, notamment lors de la procession du Chemin de Croix à Rome le 27 mars 1964, lors d'une cérémonie sur la Place d'Espagne à Rome le 8 décembre 1964, lors de la visite du docteur Ramsay, archevêque de Cantorbéry, au Vatican en 1966 ; lors d'une réception des curés dans la chapelle Sixtine ; et à Castelgandolpho, durant l'été 1970.

Le ton du discours du pape Paul aux Nations unies avait considérablement encouragé les progressistes, ou l'aile gauche, au sein de l'Église. En effet, quelques jours après le retour de Paul à Rome, l'évêque de Cuernavaca, Mendes Arceo, déclarait que « le marxisme est nécessaire pour réaliser le royaume de Dieu à l'heure actuelle », tandis que le pape Paul faisait savoir que Rome, afin de mettre fin à une vieille inimitié, était prête à jeter un regard neuf sur les sociétés secrètes.

Dans le cadre de ce processus, Mgr Pezeril fut chargé de négocier avec un organe directeur de ces sociétés en vue d'établir des contacts amicaux.

La mémoire des journalistes, tout comme celle de ceux qui les prennent au sérieux, est proverbialement courte. Cependant, comme le discours du pape à New York était en phase avec la tendance dominante, il n'est pas surprenant que le signal qu'il avait donné ait été repris quelque temps plus tard par le journal du Vatican *L'Osservatore Romano*, qui a fait savoir que le message traditionnel de l'Église avait cédé la place à un concept moins orthodoxe en annonçant :

« Il n'y a pas de véritable richesse, sauf l'homme. »

(Les deux triangles entrelacés expliquent les remarques de Lantoine selon lesquelles Satan est une partie égale et indispensable de Dieu, comme on le voit lorsque l'image est inversée. Traduit simplement, la devise signifie : « Ce qui est en haut est égal à ce qui est en bas ». Elle révèle une idée occulte courante selon laquelle Dieu est à la fois bon et mauvais, et que Satan fait partie de lui.)

Cinquième partie

> *Le voile qui recouvre la plus grande tromperie qui ait jamais mystifié le clergé et déconcerté les fidèles commence sans doute à se déchirer.*
>
> Mgr Marcel Lefebvre.

Observateur de la scène romaine, Georges Virebeau[13], raconte comment un sentiment de surprise, proche de la consternation, s'est répandu au Vatican un matin de 1976. Des étudiants en soutane, de couleur pourpre, violette ou noire selon leur nationalité, se tenaient en groupes et discutaient du dernier numéro d'un journal, le *Borghese*. Certains, dit l'auteur, transpiraient même d'inquiétude ; car, bien que la matinée fût chaude, l'atmosphère engendrée par ce qu'ils lisaient les affectait plus que le temps.

En effet, le journal contenait une liste détaillée de membres du clergé, dont certains occupaient les fonctions les plus élevées, qui étaient présentés comme appartenant à des sociétés secrètes.

C'était une nouvelle stupéfiante, car les étudiants sceptiques, qui secouaient la tête, connaissaient bien le droit canonique ; et le canon 2335 déclarait expressément qu'un catholique qui adhérait à une telle société était excommunié ipso facto.

---

[13] Dans *Prélats et Francs-Maçons*. (Henri Coston, Paris, 1978.)

Nous avons vu que les sociétés secrètes avaient, depuis longtemps, déclaré la guerre à l'Église, qu'elles considéraient comme le seul obstacle majeur à leur domination du monde ; et l'Église avait répondu en condamnant ces sociétés et en adoptant des lois pour se protéger. Le canon 2335 avait été élaboré à cette fin, tandis que le canon 2336 concernait les mesures disciplinaires à prendre à l'encontre de tout ecclésiastique qui se laisserait entraîner à adhérer à une société. Dans le cas d'un évêque, il perdait tous ses pouvoirs juridiques et était interdit d'exercer ses fonctions sacerdotales, y compris l'ordination et la consécration.

Le nombre d'avertissements et de condamnations émis par le Vatican montre que l'Église considérait ces sociétés comme une menace très dangereuse pour sa propre existence. Ce qui est généralement considéré comme le premier exemple officiel de cette attitude remonte au pape Clément XII (1730-1740), qui souligna que l'appartenance à une telle société était incompatible avec l'appartenance à l'Église.

Onze ans plus tard, Benoît XIV confirma cette décision dans la première bulle papale dirigée contre ces sociétés. Pie VI et Pie VII lui emboîtèrent le pas, ce dernier étant particulièrement préoccupé par la menace que représentaient les Carbonari. Trois papes suivants, Léon XII, Pie VIII et Grégoire VI, ajoutèrent leur poids à ces restrictions. Une nouvelle condamnation vint de Pie IX qui, incidemment, dut faire face à l'accusation d'être descendant des comtes de Mastai-Feretti, qui avaient très certainement été impliqués dans ces sociétés. Léon XIII parla des conspirateurs qui visaient à détruire de fond en comble toute la discipline religieuse et sociale née des institutions chrétiennes et à remplacer la croyance en l'esprit surnaturel par une sorte de naturalisme de seconde main.

Tout comme les écrits de Voltaire, Diderot et Helvétius avaient ouvert la voie à la Révolution française, les sociétés secrètes, selon Pie X (1903-1914), œuvraient à la destruction du catholicisme dans la France moderne.

Le danger était si grand pour Benoît XV que même les soucis imposés par la guerre de 1914 ne purent le faire oublier, tandis que Pie XI réitérait que les sociétés secrètes tiraient une grande partie de leur force de la conspiration du silence qui n'avait jamais cessé de les entourer.

Bien que menée en grande partie dans les coulisses, et donc loin du regard du public, la lutte entre l'Église et les sociétés secrètes a été plus âpre et plus longue que n'importe quel conflit international ; la raison en est qu'elle s'est déroulée, en grande partie, sur *le terrain des idées*, sur une base mentale et donc morale ; et bien qu'elle ne soit pas universellement reconnue, la vision morale influence toute la nature de l'homme plus que n'importe quel conflit pour des gains personnels, des territoires ou le pouvoir positif.

D'un côté, il y avait une religion qui, selon ses partisans, reposait sur des faits, sur la valeur objective de la vérité révélée et sur l'observance des sacrements. De l'autre, un système fondé sur des idéaux humanitaires dans lequel tous les hommes, libérés des chaînes du dogme et de l'orthodoxie, pouvaient partager et s'accorder. La vérité, disaient-ils, est relative, d'où le caractère non seulement sans valeur, mais fondamentalement faux des prétentions à une vérité objective et révélée.

Ainsi, la lutte s'est développée au fil des siècles, avec d'un côté ceux qui acceptaient l'athéisme, le positivisme ou le matérialisme, qui ont atteint leur apogée avec la Révolution française, et de l'autre, les critiques formulées par divers papes, de Clément XII au milieu du XVIIIe siècle à Pie XI, mort en 1939.

Les critiques les moins sévères qualifiaient ces sociétés de « conspirations du silence ».

Les plus accablantes les qualifiaient de « synagogues de Satan ».

Mais tous leurs membres ne considéraient pas ce lien avec Satan comme un stigmate. C'est ainsi que l'un de leurs principaux archivistes, Albert Lantoine, s'est adressé à Pie XII en août 1943 : « Je suis heureux de dire que nous, qui sommes dotés d'un esprit critique, sommes les serviteurs de Satan. Vous défendez la vérité et êtes les serviteurs de Dieu. Les deux maîtres se complètent et ont besoin l'un de l'autre.

Vous voulez nous exterminer. Prenez garde ! La mort de Satan marquera l'agonie de votre Dieu. Vous devez accepter l'alliance avec Satan et reconnaître qu'il complète Dieu. »

La nouvelle dans le *Borghese,* qui avait tant alarmé les étudiants, était l'aboutissement d'une crainte qui persistait depuis un certain temps parmi les éléments les plus conservateurs du Vatican. La révélation de l' e l'archevêque Bugnini, lors du Concile Vatican II, avait déjà été suffisamment bouleversante.

Mais les révélations du *Borghese* étaient d'une ampleur plus considérable et touchaient dangereusement le nerf même de l'Église.

On savait que des agents ennemis rongeaient depuis longtemps ses fondations. Mais tant que la discipline de l'Église restait forte, il était difficile, même pour les infiltrés les plus ardents, de prendre pied dans le clergé. Cependant, le relâchement général et les réformes qui ont suivi le concile du pape Jean XXIII ont ouvert des portes par lesquelles les agents ont pu pénétrer non seulement dans les séminaires, mais aussi dans la Curie, l'organe directeur de l'Église.

Comme certains de ces agents ont gravi les échelons de l'Église et sont devenus cardinaux et évêques, beaucoup de ceux qui auraient pu se méfier ont été trompés. Les titres ecclésiastiques et les fonctions qui les accompagnaient étaient considérés comme une protection suffisante (alors qu'ils n'étaient en réalité qu'une apparence). Les manipulateurs levaient les mains en signe de bénédiction, et les fidèles s'agenouillaient.

Les avertissements lancés à leur encontre sont restés largement ignorés ou se sont heurtés aux murs historiques impressionnants qui entouraient l'Église. « Il existe une cinquième colonne au sein du clergé », écrivait le père Arrupe, supérieur général des jésuites, « qui œuvre sans relâche en faveur de l'athéisme ».

Un thème similaire a été exprimé par un certain nombre de théologiens réunis à Genève en 1976, sous le nom de Comité international de défense de la doctrine catholique. « La présence des ennemis de l'Église, au sein même de la structure interne de l'Église, fait partie du mystère de l'iniquité et doit être démasquée. »

Mais jusqu'à présent, ces craintes n'avaient pas pris de forme plus tangible que celle de troubler l'esprit des étudiants, qui sentaient que leur avenir pouvait être perturbé par des révélations qui n'avaient eu que peu ou pas d'effet sur leurs supérieurs et leurs professeurs au Vatican. L'enquête habituelle fut ordonnée (par certains des ecclésiastiques qui avaient été désignés comme coupables) dans le but déclaré de retrouver la source des rumeurs. Mais rien ne se passa, et aucun de ceux qui avaient été impliqués ne fit jamais de démenti catégorique ou direct.

L'article *de Borghese* prétendait disposer d'une liste détaillée des conspirateurs qui avaient infiltré l'Église, avec les dates, les noms et les noms de code. Ces allégations ont été réfutées par un journaliste de *L'Aurora*, M. Jacques Ploncard, qui affirmait qu'aucun prélat n'avait été affilié à une société secrète depuis l'époque de Charles X, le dernier des Bourbons qui monta sur le trône en 1824 et fut chassé par la révolution de 1830.

Ceci était manifestement faux, comme l'ont prouvé des enquêteurs déterminés qui ont mené l'attaque en territoire ennemi. Par divers moyens, se faisant parfois passer pour des membres du gouvernement, ils ont eu accès au registre italien des sociétés secrètes et ont dressé une liste beaucoup plus longue et impressionnante que celle publiée dans le *Borghese*.

Les détails qui suivent sont ceux des cardinaux, archevêques et évêques qui, selon ceux qui ont examiné le registre, y figurent. Certains sont décédés depuis l'établissement de la liste, qui comptait à une époque cent vingt-cinq prélats. Certaines fonctions ont changé de mains.

Mais les noms et les titres ecclésiastiques, avec les dates auxquelles ils ont été initiés dans une société, ainsi que leurs noms de code secrets, doivent faire l'objet d'une réflexion sérieuse, sauf pour les catholiques qui suivent aveuglément les règles, qui s'accrochent aux paroles d'un prêtre et qui considèrent que le fait de ne voir aucune tache sur l'Église fait partie de leur foi.

Il convient de noter que le nom de code comprend souvent les deux premières lettres du nom du clerc.

2.

➢ **Agostino, cardinal Casaroli.** Secrétaire d'État. Préfet de la Sacrée Congrégation des Affaires Publiques, de la Sacrée Congrégation des Évêques et de la Commission Pontificale pour la Révision du Droit Canonique. Membre de la Commission pour la Russie et de la Commission pour l'Amérique Latine. Le prélat le plus influent du Vatican après le pape, dont il prend la place en l'absence de ce dernier. Il est connu comme le « Kissinger de la diplomatie vaticane ». Initié à une société secrète le 28 septembre 1957. Nom de code secret : Casa.

➢ **Léon Joseph, cardinal Suenens.** Primat de Belgique. Membre de la Commission pontificale pour la révision du droit canonique. Il a été actif au sein de la Sacrée Congrégation de la Propagande, de la Sacrée Congrégation des Rites et Cérémonies et de la Sacrée Congrégation des Séminaires et des Études universitaires. Il a été délégué et modérateur du Concile Vatican II et a été associé au pentecôtisme protestant, qui réduit les gens à une hystérie revivaliste. Initié le 15 juin 1967. Nom de code : Lesu.

➢ **Jean, cardinal Villot.** Il fut secrétaire d'État de Paul VI et camerlingue (le chambellan qui prend en charge les affaires du Vatican à la mort d'un pape). Préfet de la Sacrée Congrégation pour les Instituts religieux et séculiers, et administrateur du patrimoine du Saint-Siège. Il est issu d'une famille qui a produit, au cours des deux derniers siècles, de père en fils, des grands maîtres de sociétés secrètes, dont les Rosicruciens. Conscient que cela était devenu de notoriété publique, il a vigoureusement nié toute association avec de telles sociétés. L'une de ses démentis figurait dans une lettre datée du 31 octobre 1976, envoyée du Vatican par l'intermédiaire de la nonciature apostolique à Paris, au directeur des *Lectures Françaises, une* publication mensuelle. Elle disait : « Ayant remarqué que dans votre revue de septembre 1976, vous avez qualifié le cardinal Villot de membre d'une société secrète, le cardinal Villot déclare de la manière la plus formelle qu'il n'a jamais eu, à aucun moment de sa vie, la moindre relation avec une société secrète. Il adhère strictement aux condamnations imposées par les Souverains Pontifes. Le cardinal Villot prie le directeur des *Lectures Françaises* de publier ce démenti dans un prochain numéro et le remercie par avance. » On ne peut s'empêcher de se demander comment le cardinal Villot, qui semble avoir été affligé d'une mémoire exceptionnellement courte, a pu remplir ses fonctions de secrétaire d'État. Les archives montrent en effet qu'il a été initié à une société secrète le 6 août 1966 et que, dans l'espoir d'éviter d'être identifié, il s'est vu attribuer deux noms de code, Jeani et Zurigo.

➢ **Achille, cardinal Lienart**. Évêque de Lille. Ancien capitaine de l'armée française, il fut toute sa vie un ultra-libéral. Il dirigea les forces progressistes lors du Concile Vatican II, ce qui lui valut de se voir dire que « ses idées étaient plus rouges que sa robe ». Peu avant sa mort, il surprit les personnes présentes en s'écriant soudainement : « Humainement parlant, l'Église est morte ». Initié le 15 octobre 1912. Nom de code non vérifié.

➢ **Ugo, cardinal Poletti**. Vicaire général du diocèse de Rome, et donc contrôleur de tout le clergé de la ville. Membre de la Sacrée Congrégation des Sacrements et du Culte Divin. Président des Œuvres Pontificales et de l'Académie Liturgique. Archiprêtre de la Basilique Patriarcale du Latran. Initié le 17 février 1969. Nom de code : Upo.

➢ **Franco, cardinal Biffi**. Recteur de l'Université pontificale Saint-Jean-de-Latran. Initié le 15 août 1969. Nom de code : Bifra.

- **Michele, Cardinal Pellegrino**. Archevêque de Turin où est conservé le Saint Suaire : initié le 2 mai 1960. Nom de code : Palmi.

- **Sebastiano, cardinal Baggio**. Préfet de la Sacrée Congrégation des Évêques. Initié le 15 août 1957. Nom de code Seba.

- **Pasquale, cardinal Macchi**. Prélat d'honneur et secrétaire de Paul VI. Après avoir été excommunié pour hérésie, il a été réintégré par le cardinal Villot. Initié le 23 avril 1958. Nom de code : Mapa.

- **Salvatore, cardinal Pappalardo**. Archevêque de Palerme, Sicile. Initié le 6 mai 1943. Nom de code Salpo.

- **Cardinal Garrone**. Préfet de la Congrégation pour l'éducation catholique. Il a ouvertement fait savoir qu'il était membre d'une société secrète, mais il n'a été ni destitué ni publiquement réprimandé. La date d'initiation et le nom de code n'ont pas pu être vérifiés.

- **Archevêque Annibale Bugnini**. Consulteur à la Sacrée Congrégation pour la Propagation de la Foi et à la Sacrée Congrégation des Rites. L'histoire de sa démasquage pendant le Concile Vatican II a été racontée. Décédé le 3 juillet 1982. Initié le 23 avril 1963. Nom de code Buan.

- **Archevêque Giovanni Benelli**. Archevêque de Florence. Il a obtenu la nomination du cardinal Villot au poste de secrétaire d'État à la place du cardinal orthodoxe Cicognani. La date d'initiation et le nom de code n'ont pas pu être vérifiés.

- **Mgr Mario Brini**. Consulteur de la Commission pontificale pour la révision du droit canonique. Secrétaire de la Sacrée Congrégation pour les Églises orientales et membre de la Commission pontificale pour la Russie. Initié le 13 juillet 1969. Nom de code : Mabri.

- **Mgr Michele Buro**. Prélat de la Commission pontificale pour l'Amérique latine. Initié le 21 mars 1969. Nom de code : Bumi.

> **Évêque Fiorenzo Angelini**. Évêque titulaire de Massène, Grèce. Délégué du cardinal-vicaire de Rome pour les hôpitaux. Initié le 14 octobre 1957. Nom de code non vérifiable.

> **Monseigneur Mario Rizzi**. Prélat d'honneur du Saint-Père. Il était chargé de supprimer certains canons qui faisaient partie des fondements de l'Église depuis l'époque apostolique. Initié le 16 septembre 1969. Nom de code Mari ou Monmari.

> **Monseigneur Pio Vito Pinto**. Attaché du secrétaire d'État et notaire de la deuxième section du Tribunal suprême et de la Signature apostolique. Il est considéré comme une personnalité très importante au sein des sociétés. Initié le 2 avril 1970. Nom de code : Pimpi.

> **Monseigneur Francesco Marchisano**. Prélat d'honneur du Saint-Père. Secrétaire de la Congrégation pour l'éducation catholique. Initié le 14 février 1961. Nom de code : Frama.

> **Aurelio Sabattani**. Archevêque de Giustiniana, province de Milan, Italie. Premier secrétaire de la Signeature apostolique suprême. Initié le 22 juin 1969. Nom de code : Asa.

> **Abino Mensa**. Archevêque de Vercelli, Piémont, Italie. Initié le 23 juillet 1969. Nom de code : Mena.

> **Enzio D'Antonio**. Archevêque de Trivento. Initié le 21 juin 1969. Nom de code non vérifié.

> **Alessandro Gottardi**. Archevêque de Trente, Italie. Il contrôle les candidats susceptibles d'être élevés à la dignité de cardinal. Il est appelé « Docteur » lors des réunions de la société secrète. Initié le 13 juin 1959. Nom de code : Algo.

> **Antonio Travia**. Évêque titulaire de Termini Imerese. Il est à la tête des écoles catholiques. Initié le 15 septembre 1967. Nom de code : Atra.

> **Giuseppe Mario Sensi**. Évêque titulaire de Sardi, en Asie Mineure. Nonce apostolique au Portugal. Initié le 2 novembre 1967. Nom de code : Gimase.

➤ **Francesco Salerno.** Évêque préfet. Initié le 4 mai 1962. Nom de code : Safra.

➤ **Antonio Mazza.** Évêque titulaire de Velia. Initié le 14 avril 1971. Nom de code : Manu.

➤ **Mario Schierano.** Évêque titulaire d'Acrida, province de Cosenza, Italie. Aumônier militaire en chef des forces armées italiennes. Initié le 3 juillet 1959. Nom de code Maschi.

➤ **Luigi Maverna.** Évêque de Chiavari, Gênes, Italie. Initié le 3 juin 1968. Nom de code : Luma.

➤ **Aldo Del Monte.** Évêque de Novare, Piémont, Italie. Initié le 25 août 1969. Nom de code : Adelmo.

➤ **Marcello Morganta.** Évêque d'Ascoli, Piceno, dans l'est de l'Italie. Initié le 22 juillet 1955. Nom de code : Morma.

➤ **Luigi Bettazzi.** Évêque de Lyrea, Italie. Initié le 11 mai 1966. Nom de code : Lube.

➤ **Gaetano Bonicelli.** Évêque d'Albano, Italie. Initié le 12 mai 1959. Nom de code : Boga.

➤ **Salvatore Baldassarri.** Évêque de Ravenne, Italie. Initié le 17 février 1958. Nom de code : Balsa.

➤ **Vito Gemmiti.** Membre de la Sacrée Congrégation des Évêques. Initié le 25 mars 1968. Nom de code : Vige.

➤ **Pier Luigi Mazzoni.** Membre de la Sacrée Congrégation des Évêques. Initié le 14 septembre 1959. Nom de code : Pilum.

➤ **Ernesto Basadonna.** Prélat de Milan. Initié le 14 septembre 1963. Nom de code : Base.

➤ **Mario Bicarelli.** Prélat de Vicence, Italie. Initié le 23 septembre 1964. Nom de code : Bima.

➤ **Salvatore Marsili.** Abbé de l'Ordre de Saint-Benoît de Finalpia, près de Modène, en Italie. Initié le 2 juillet 1963. Nom de code Salma.

- **Annibale Ilari**. Abbé de Sua Santita. Initié le 16 mars 1969. Nom de code : Ila.
- **Franco Gualdrini**. Recteur de Capri. Initié le 22 mai 1961. Nom de code : Grefra.
- **Lino Lozza**. Chancelier de l'Académie Saint-Thomas-d'Aquin de Rome. Initié le 23 juillet 1969. Nom de code : Loli.
- **Daimazio Mongillo**. Professeur de théologie morale dominicaine, Institut des Saints Anges, Rome. Initié le 16 février 1969. Nom de code : Monda.
- **Flaminio Cerruti**. Chef du Bureau des études universitaires de la Congrégation. Initié le 2 avril 1960.
- **Enrico Chiavacci**. Professeur de morale à l'université de Florence. Initié le 2 juillet 1970. Nom de code : Chie.
- **Carmelo Nigro**. Recteur du Séminaire pontifical des études supérieures. Initié le 21 décembre 1970. Nom de code : Carni.
- **Carlo Graziani**. Recteur du Petit Séminaire du Vatican. Initié le 23 juillet 1961. Nom de code Graca.
- **Luigi Belloli**. Recteur du séminaire de Lombardie. Initié le 6 avril 1958. Nom de code Bella.
- **Virgilio Noe**. Chef de la Sacrée Congrégation du Culte Divin. Initié le 3 avril 1961. Nom de code : Vino.
- **Dino Monduzzi**. Régent du préfet de la Maison pontificale. Initié le 11 mars 1967. Nom de code : Mondi.
- **Vittorio Palistra**. Conseiller juridique de la Rote romaine de l'État du Vatican. Initié le 6 mai 1943. Nom de code : Pavi.
- **Giuseppe Ferraioli**. Membre de la Sacrée Congrégation des Affaires Publiques de l'Église. Initié le 24 novembre 1969. Nom de code Gife.
- **Alberto Bovone**. Secrétaire adjoint du Saint-Office. Initié le 30 avril 1967.

➢ **Terzo Nattelino**. Vice-préfet des Archives du Secrétariat du Vatican. Initié le 17 juin 1957. Nom de code Nate.

➢ **Georgio Vale**. Prêtre officiel du diocèse de Rome. Initié le 21 février 1971. Nom de code : Vagi.

➢ **Dante Balboni**. Assistant à la Commission pontificale pour les études bibliques du Vatican. Initié le 23 juillet 1968. Nom de code : Balda.

➢ **Vittorio Trocchi**. Secrétaire pour les laïcs catholiques au Consistoire des Consultations de l'État du Vatican. Initié le 12 juillet 1962. Nom de code : Trovi.

➢ **Piero Vergari**. Chef du protocole de la Signature d'État du Vatican. Il contrôle les modifications du droit canonique. Initié le 14 décembre 1970. Nom de code : Pive.

➢ **Dante Pasquinelli**. Membre du Conseil du nonce à Madrid. Initié le 12 janvier 1969. Nom de code : Pada.

➢ **Mario Pimpo**. Vicaire du Bureau des Affaires générales. Initié le 15 mars 1970. Nom de code : Pima.

➢ **Igino Rogger**. Officier dans le diocèse de Rome. Initié le 16 avril 1968. Nom de code : Igno.

➢ **Pietro Rossano**. Membre de la Sacrée Congrégation pour les Études non chrétiennes. Initié le 12 février 1968. Nom de code : Piro.

➢ **Francesco Santangelo**. Substitut général du Conseil juridique de la Défense. Initié le 12 novembre 1970. Nom de code : Frasa.

➢ **Gaetano Scanagatta**. Membre de la Commission de Pompéi et Loreto. Initié le 23 septembre 1971. Nom de code Gasca.

➢ **Pio Laghi**. Délégué apostolique en Argentine. Initié le 24 août 1969. Nom de code : Lapi.

➢ **Pietro Santini**. Vice-officiel du Tribunal du Vicariat du Vatican. Initié le 23 août 1964. Nom de code : Sapa.

> **Domenico Semproni.** Membre du Tribunal du Vicariat du Vatican. Initié le 16 avril 1960. Nom de code : Dose.

> **Angelo Lanzoni.** Chef du Bureau du Secrétariat d'État. Initié le 24 septembre 1956. Nom de code : Lana.

> **Giovanni Lajola.** Membre du Conseil des Affaires publiques de l'Église. Initié le 27 juillet 1970. Nom de code Lagi.

> **Venerio Mazzi.** Membre du Conseil des Affaires publiques de l'Église. Initié le 13 octobre 1966. Nom de code : Mave.

> **Antonio Gregagnin.** Il est le tribun des premières causes pour la béatification et la canonisation. Initié le 19 octobre 1967. Nom de code : Grea.

> **Giovanni Caprile.** Directeur des Affaires civiles catholiques. Initié le 5 septembre 1957. Nom de code : Gica.

> **Roberto Tucci.** Directeur général de Radio Vatican. Un poste très important puisque cette station diffuse des informations 24 heures sur 24 en trente-deux langues. Initié le 27 juin 1957. Nom de code : Turo.

> **Virgilio Levi.** Directeur adjoint du quotidien du Vatican *L'Osservatore Romano* et de la Radio Vatican. Initié le 4 juillet 1958. Nom de code : Vile.

Il existe 526 loges maçonniques en Italie. Compte tenu de ce chiffre, le nombre de membres déclarés, qui n'est que de 20 000, est discutable.

Le registre français des sociétés secrètes est mieux gardé que le registre italien, de sorte qu'il n'est pas possible de citer les détails des initiations récentes. La liste la plus complète des ecclésiastiques appartenant à des sociétés secrètes françaises couvre quelques décennies précédant la Révolution française et comptait, même à une époque où l'infiltration de l'Église par ses ennemis était moins importante qu'elle ne le devint rapidement, quelque 256 membres.

Sixième partie

Quand l'argent parle, la vérité se tait.

Proverbe russe.

L'aventurier Michele Sindona était déjà à la tête d'un vaste empire financier lorsque son ami le pape Paul VI, en 1969, fit appel à ses services en tant que conseiller financier du Vatican. L'influence du Sicilien des deux côtés de l'Atlantique était suffisante pour lui assurer un respect universel, indépendamment de son caractère personnel. L'ambassadeur américain à Rome qualifiait Sindona d'« homme de l'année », et le magazine *Time* le désignera plus tard comme « le plus grand Italien depuis Mussolini ».

Ses liens avec le Vatican renforcèrent son statut, et ses opérations commerciales, menées avec l'habileté d'une araignée tissant sa toile, le placèrent rapidement au même niveau que les Rothschild et les Rockefeller, plus politiques et plus médiatisés. Il s'introduisit dans les banques et les agences de change, déjoua ses partenaires et ses rivaux, et en ressortit toujours en position de force.

Il investit de l'argent sous des noms d'emprunt ou d'autres personnes, disposant et détournant des fonds, toujours dans un but précis, et tira les ficelles des activités clandestines de la CIA ainsi que d'organismes plus secrets, qui eurent des répercussions politiques dans les centres européens. Tout cela fut fait avec une apparence de confidentialité et selon des méthodes qui n'auraient pas résisté à l'examen le plus superficiel, même effectué par le comptable le plus incompétent.

L'un de ses premiers contacts dans le monde bancaire fut Hambro, suivi d'une liste qui comprenait la Privata Italiana, la Banca Unione et la Banco di Messina, une banque sicilienne dont il devint plus tard propriétaire. Il détenait une participation majoritaire dans la Franklin National Bank de New York, contrôlait un réseau couvrant neuf banques et devint vice-président de trois d'entre elles. Les actifs réels de ces banques furent transférés vers des paradis fiscaux tels que la Suisse, le Luxembourg et le Liberia.

En peu de temps, il a pris le contrôle de la Franklin National, avec ses 104 succursales et ses actifs de plus de cinq milliards de dollars, malgré une loi américaine qui interdisait la propriété directe d'une banque par des groupes ayant d'autres intérêts financiers. Mais une solution a été trouvée par le président Nixon et par l'ami et manipulateur boursier de Sindona, David Kennedy, ancien secrétaire au Trésor américain et ambassadeur de ce pays auprès de l'OTAN.

À une certaine époque, on estimait que le montant de ses spéculations à l'étranger dépassait à lui seul vingt milliards de dollars. Outre les intérêts déjà mentionnés, deux banques russes et la National Westminster étaient profondément impliquées dans ses transactions. Il était président de sept sociétés italiennes et directeur général de plusieurs autres, avec des participations dans la Paramount Pictures Corporation, Mediterranean Holidays et le commerce du sucre dominicain. Il avait une voix au conseil d'administration de Libby's, le conglomérat alimentaire de Chicago. Il a acheté une fonderie d'acier à Milan.

Il fallait s'attendre à ce que, lorsqu'on évaluait un tel homme, son passé et son caractère comptent moins que le tintement de sa bourse. De nouveaux amis, des connaissances, des personnalités publiques et des parents éloignés se pressaient pour apercevoir le sourire de Sindona ; parmi eux se trouvait un ecclésiastique, Mgr Ameleto Tondini. C'est par son intermédiaire que le financier fit la connaissance de Messimo Spada, qui gérait les affaires de la banque du Vatican, ou, pour lui donner un titre plus anodin, l'Institut pour les œuvres religieuses.

Sa principale activité consistait à gérer les investissements du Vatican, qui relevaient dans une certaine mesure d'un organisme connu sous le nom de Patrimoine du Saint-Siège. Celui-ci avait été créé en tant qu'entité financière en 1929, dans le cadre des conditions du traité du Latran conclu avec Mussolini.

Depuis, il avait dépassé les limites imposées par le traité et avait pris une dimension véritablement internationale sous la houlette d'un conglomérat de banquiers comprenant John Pierpont Morgan de New York, les Rothschild de Paris et la Hambros Bank de Londres. Son superviseur ecclésiastique était Mgr Sergio Guerri (qui allait bientôt devenir cardinal).

Spada, qui était président de Lancia, devint président d'une institution mi-ecclésiastique, mi-financière, connue sous le nom de Fondation Pie XII pour l'apostolat des laïcs, une entreprise très riche qui fut plus tard reprise par le cardinal Villot, qui était à bien des égards le reflet de Paul VI.

2.

Les transactions financières importantes ont toujours un côté sinistre, et l'un des associés de Sindona, Giorgio Ambrosoli, est devenu de plus en plus nerveux à mesure que les fraudes se multipliaient, parallèlement aux profits et aux répercussions qu'elles avaient sur plusieurs structures sociales, économiques et politiques européennes. Il a fait part de ses doutes à Sindona, qui les a balayés d'un revers de main. Mais il n'a pas fait de même avec Ambrosoli. Au contraire, il l'a rendu victime de rumeurs et l'a entouré d'un réseau de soupçons. Et un nouveau crime non élucidé a été ajouté au registre de la police italienne lorsque Ambrosoli a été abattu devant son domicile par des « assassins inconnus ».

Avant même que Sindona ne s'intéresse à sa politique d'investissement, le Vatican, malgré sa condamnation du pouvoir de l'argent dans le passé, était fortement impliqué dans le système capitaliste. Il avait des intérêts dans la banque Rothschild en France, dans la Chase Manhattan Bank avec ses cinquante-sept succursales dans quarante-quatre pays, dans le Crédit Suisse à Zurich et à Londres, dans la Morgan Bank et dans la Banker Trust. Il détenait d'importantes participations dans General Motors, General Electric, Shell Oil, Gulf Oil et Bethlehem Steel.

Des représentants du Vatican figuraient au conseil d'administration de Finsider qui, avec un capital de 195 millions de lires répartis dans vingt-quatre sociétés, produisait 90% de l'acier italien, en plus de contrôler deux compagnies maritimes et la société Alfa Romeo. La plupart des hôtels de luxe italiens, y compris le Rome Hilton, figuraient également parmi les actifs du portefeuille du Vatican.

L'influence de Sindona au Vatican, qui découlait de son amitié de longue date avec Paul VI et de ses récentes rencontres avec Spada, se fit bientôt sentir de la même manière que dans le monde extérieur. Il prit le contrôle total de la Banca Privata. Il acheta l', la maison d'édition Feltrinelli, et le Vatican partageait ses revenus malgré le fait que certaines de ses productions appelaient à la violence dans la rue et faisaient la propagande de sociétés secrètes. Le même milieu soutenait les syndicats de gauche et les activités peu recommandables, souvent à la limite de la légalité, de la CIA. Le même manque de discernement se manifestait dans le fait que l'une des entreprises qui contribuait à gonfler les caisses du Vatican sous Sindona avait, pendant un certain temps, fabriqué des pilules contraceptives. [14]

D'autres engagements plus directs du Vatican concernaient la Ceramica Pozzi, qui fournissait des robinets, des équipements sanitaires et des bidets, et un groupe chimique, là encore avec Hambros en arrière-plan, qui fabriquait des fibres synthétiques pour le textile. Des représentants du Vatican siégeaient au conseil d'administration de banques italiennes et suisses, et leur influence se faisait de plus en plus sentir dans la gestion de holdings dans de nombreuses régions du monde occidental.

Une autre opération « coup de poing » fut conclue par le cardinal Casaroli avec les autorités communistes, qui permit à l'une des entreprises du Vatican de construire une usine à Budapest.

À portée de voix de ces travaux se trouvait un autre cardinal, Mindszenty, archevêque de Hongrie, abandonné par Rome en raison de sa position anticommuniste, qui s'était réfugié à l'ambassade américaine après le soulèvement avorté de 1956.

S'il avait été possible de mener une véritable enquête à l'époque, les noms de responsables du Vatican auraient figuré dans certaines des entreprises complexes du président Nixon. C'est ce qui ressort lorsque, en se frayant un chemin à travers une

---

[14] Pourtant, le pape Paul a critiqué le système capitaliste dans son encyclique sociale Populorum Progressio sur le développement des peuples.

multitude de manœuvres souvent contradictoires, on met le doigt sur la propriété du Vatican de la General Immobiliare, l'une des plus grandes entreprises de construction au monde, qui spéculait sur des terrains, construisait des autoroutes et les bureaux de la Pan Am, pour ne citer que quelques-unes de ses opérations à l', et contrôlait également une partie importante du complexe Watergate à Washington.

Elle a ainsi pu construire et posséder la série d'immeubles de luxe sur les rives du fleuve Potomac qui sont devenus le quartier général de la campagne électorale démocrate en 1972.

La direction de la Generale Immobiliare était entre les mains du comte Enrico Galeazzi, directeur d'une société d'investissement et de crédit (dont le capital était estimé à vingt-cinq milliards de lires), qui pouvait entrer et sortir librement du Vatican, ce qui lui valut le surnom de « laypope ».

Le Saint-Siège est devenu un partenaire important de l'empire commercial et industriel de Sindona au printemps 1969 lorsque, répondant à l'appel de Paul VI, le financier s'est rendu à plusieurs reprises au Vatican où les deux hommes se sont rencontrés, dans le bureau du pape au troisième étage, à minuit. (Seulement, pour ce qui concernait les petits clercs et le personnel du Vatican, et selon l'agenda du pape, dûment « trafiqué » avant d'être enregistré, ce n'était pas Sa Sainteté qui s'entretenait avec Sindona, mais le cardinal Guerri, qui dormait très probablement à ce moment-là.) Outre le souhait de renforcer la politique d'investissement du Vatican, le pape était soucieux de maintenir l'exemption de l'Église du contrôle gouvernemental, sous forme d'impôts, sur sa monnaie et ses biens. Cette exemption, avec les démocrates-chrétiens à la tête d'une coalition quadripartite depuis la fin de la Seconde Guerre mondiale, n'avait jamais été sérieusement remise en question. Mais de nouvelles voix se faisaient désormais entendre. Le Vatican était désigné comme le plus grand fraudeur fiscal de l'Italie d'après-guerre, et la demande de règlement de ses arriérés se faisait de plus en plus pressante.

Paul Marcinkus, membre d'une famille lituanienne émigrée à Chicago, faisait également partie de ce cercle d'affaires sacré. Il était dans les bonnes grâces de Mgr Pasquali Macchi, secrétaire personnel du pape, et n'avait jusqu'alors jamais occupé de poste important dans le domaine pastoral. Son expérience la plus concrète dans le domaine des activités ecclésiastiques avait été acquise lorsqu'il avait supervisé la garde de Paul VI lors de ses voyages, grâce à sa taille imposante (il mesurait 1,93 m) et à ses bras longs et puissants (qui lui avaient valu le surnom de « gorille »). Paul l'avait nommé évêque.

En tant que contrôleur de la Banque du Vatican, poste qui lui fut confié par Paul VI, il était responsable de plus de 10 000 comptes appartenant à des ordres religieux et à des particuliers, dont le pape. Le numéro du compte de ce dernier était d'ailleurs 16.16. Il gérait les fonds secrets du Vatican et ses réserves d'or à Fort Knox, et il transféra une partie substantielle des fonds, dans l'espoir de réaliser un profit rapide, aux holdings Sindona.

Il était également président de l'Institut de formation religieuse et directeur de la Continental Illinois Bank de Nassau. Son ascension n'était ni inattendue ni le fruit du hasard, car le 2 juillet 1963, Marcinkus avait suivi l'exemple de nombreux ecclésiastiques qui, au mépris du canon 2335, avaient rejoint une société secrète. Son nom de code était Marpa.

Profitant du fait que la tenue ecclésiastique n'était plus indispensable, Marcinkus s'est frayé un chemin à travers les marges, puis au cœur coloré et bruyant de la société romaine. Il était le riche directeur de l'une des banques les plus influentes, privilégiées et respectées de la ville. Il fréquentait les bars, adhérait à des clubs exclusifs qui lui étaient jusqu'alors inaccessibles et enviables, et montrait sa force animale sur les terrains de golf en envoyant de nombreuses balles dans les airs. Avec le temps, son attitude de playboy effronté agace la communauté romaine plus établie, qui lui tourne le dos. Il semble qu'il n'ait guère plus à offrir que sa force physique. Mais il y a toujours beaucoup d'Américains, venus pour affaires, pour prendre leur place, même s'ils sont choqués lorsqu'ils apprennent que l'évêque est impliqué dans une faillite frauduleuse.

Pendant ce temps, les premiers signes avant-coureurs, sous forme d'allusions au danger, parvenaient à Sindona et au Vatican depuis de nombreuses régions du monde. Il était alors urgent de transférer de l'argent aux États-Unis, car les événements en Europe laissaient présager des troubles politiques et un effondrement économique ; l'avenir de la Franklin Bank, dans laquelle Sindona et le Vatican étaient fortement impliqués, devenait très incertain après une série de spéculations désastreuses. Des efforts frénétiques furent déployés pour persuader des banques plus solides de racheter purement et simplement la Franklin, ou du moins de lui accorder l' financée pour la remettre à flot. Montini lança des appels pour organiser le transfert des investissements du Vatican vers un refuge plus sûr.

Ce n'était pas que Sindona avait perdu la main, mais les forces mondiales, aidées par des ennemis de la mafia qui enviaient son ascension, s'avéraient trop puissantes pour permettre le maintien d'entreprises aussi tentaculaires que celles qu'il avait dirigées. Conscient qu'il se trouvait en terrain glissant, Sindona tenta d'obtenir le soutien de l'administration Nixon en offrant un million de dollars, qui n'auraient peut-être pu se concrétiser que si l'accord avait été accepté, pour le fonds électoral du président. Mais comme Sindona, pour des raisons évidentes, insistait pour ne pas être nommé, et que l'acceptation de dons anonymes pour une élection était interdite par la loi, son offre fut déclinée. Il fut décevant pour toutes les parties concernées que cela touche à l'une des rares lois que même le système fédéral, pourtant souple, ne pouvait ouvertement contourner.

Sindona fit un dernier geste dans le style approuvé des gangsters hollywoodiens. Il organisa une soirée somptueuse et spectaculaire dans le plus grand hôtel de Rome (qui appartenait probablement au Vatican), à laquelle assistèrent l'ambassadeur américain, le cardinal Caprio (qui avait été responsable des investissements du Vatican avant l'arrivée de Marcinkus) et le cardinal Guerri, toujours accommodant.

Marcinkus fut simplement accusé d'avoir commis de nombreuses fautes. Selon Mgr Benelli, l'un de ses détracteurs, ses opérations avec les fonds du Vatican étaient intolérables. Mais Marcinkus, qui en savait trop sur les coulisses du Vatican, ne pouvait être abandonné et se vit attribuer un poste diplomatique au sein de l'Église.

Sindona avait été informé par l'un de ses mercenaires, qui était également employé par les services secrets, qu'un mandat d'arrêt avait été lancé contre lui. Mais il bluffa et passa les festivités à boire, partit quelque temps dans sa luxueuse villa à Genève, puis prit un avion pour New York.

Là-bas, en attendant d'être inculpé, il fut placé sous une forme de surveillance légère.

Mais il semble que certains de ceux qui étaient chargés de le surveiller appartenaient à la mafia, et la nouvelle suivante que le pape eut de son ancien conseiller fut qu'il avait été blessé par balle lors d'une bagarre.

Il était assez facile, en fouillant dans son passé, qui était plus qu'entaché de grandes et petites escroqueries, et maintenant qu'il n'était plus une puissance avec laquelle il fallait compter, de le traduire en justice ; une tentative d'enlèvement et des faits de corruption généralisée vinrent s'ajouter aux charges retenues contre lui. Lorsque le cardinal Guerri, toujours serviable, apprit la nouvelle, il semble avoir été soudainement convaincu, peut-être parce que son nom avait été mentionné dans les discussions qui avaient conclu le marché entre le pontife et le financier, que Sindona était un homme très calomnié. Il voulait se rendre à New York pour témoigner en sa faveur.

Mais le pape, conscient du caractère facile de Guerri et ne voulant pas que l'étendue de sa propre coopération avec l'accusé soit dévoilée à la barre des témoins, le garda à Rome.

Le procès s'est terminé à l'automne 1980 par une condamnation de Sindona à vingt-cinq ans de prison. Peu de gens, à part les membres du public qui ont exprimé leur indignation lorsque les manœuvres financières de Sindona ont été révélées pour la première fois, croient qu'une telle peine sera jamais purgée. Au moins un journal anticlérical a suggéré que le pape Paul avait eu de la chance de ne pas avoir été appelé à la barre aux côtés de son banquier.

Le pape se retrouva avec deux souvenirs de leur partenariat. L'Église avait subi une lourde perte financière qui signifiait, comme l'affirmait le pape avec une flagellation tout à fait gratuite de son propre, que l'Épouse du Christ était au bord de la faillite ; tandis qu'il existait une nouvelle agence administrative pour les finances qu'il avait fondée grâce à l'aide de Sindona.

À sa tête se trouvait le cardinal Vagnozzi, délégué apostolique à New York. Il était assisté par le cardinal Hoeffner, de Cologne, et le cardinal John Cody, de Chicago.

3.

Le dernier membre de ce trio allait bientôt faire une entrée sensationnelle dans l'actualité. Le cardinal John Patrick Cody, âgé de soixante-treize ans, fils d'un pompier de Saint-Louis, était archevêque du plus grand diocèse catholique romain d'Amérique. Il avait donc la charge de plusieurs milliers de fonds ecclésiastiques exonérés d'impôt. À l'automne 1981, sa congrégation fut bouleversée, comme seuls les fidèles de l'Église peuvent l'être, par des rumeurs qui se confirmèrent rapidement, selon lesquelles le bureau du procureur général des États-Unis à Chicago enquêtait sur les affaires financières de Cody.

Un grand jury fédéral avait également demandé à examiner les dossiers d'une société d'investissement de Saint-Louis, où une certaine Mme Helen Dolan Wilson avait un compte.

Cette enquête, très inhabituelle dans le cas d'un cardinal contemporain, portait sur ce qu'on appelait le détournement, la disposition ou l'utilisation abusive de fonds de l'Église s'élevant à plus de 500 000 livres sterling. Il est également apparu que la Conférence nationale des évêques catholiques avait perdu plus de quatre millions de dollars en un an, période pendant laquelle le cardinal avait été trésorier.

La Mme Wilson en question, du même âge que le cardinal, était présentée tantôt comme une parente par alliance, tantôt comme sa sœur, tantôt comme sa nièce, tandis que Cody parlait généralement d'elle comme de sa cousine.

Son père, selon des jugements plus précis, avait épousé la tante du cardinal, tandis que d'autres étaient convaincus qu'il n'existait aucun lien de parenté entre eux. Le couple concerné affirmait que leur seule relation était celle d'un frère et d'une sœur, née dans leur enfance à Saint-Louis.

« Nous avons été élevés ensemble », expliquait Mme Wilson. Il était donc naturel qu'ils restent des amis proches. Ils voyageaient ensemble et, depuis vingt-cinq ans, elle suivait tous ses déplacements dans le diocèse. Il était devenu, au sens religieux, son « superviseur », un rôle qu'elle trouvait bénéfique lorsque son mariage, dont elle avait eu un fils, avait abouti au divorce.

Il fut facile pour le cardinal de lui trouver un poste de responsable dans un bureau lié à l'Église à Saint-Louis. Elle s'y rendait de manière irrégulière, mais, qu'elle travaille ou non, elle restait néanmoins employée par l'Église. Il aida également son fils à créer une entreprise dans la même ville, en tant qu'agent d'assurance, poste que Wilson quitta lorsqu'il se lança, avec le cardinal, dans l'immobilier.

Mme Wilson prit sa retraite après avoir gagné un modeste salaire de 4000 livres sterling par an, mais elle fut bientôt connue pour posséder près d'un million de dollars, principalement en actions et en obligations. Elle était également bénéficiaire d'une police d'assurance de 100 000 dollars souscrite sur la vie du cardinal, sur laquelle elle emprunta.

Les enquêtes menées par le grand jury fédéral et rendues publiques par le Chicago *Tribune* et *le Sun-Times* ont donné lieu à une avalanche d'allégations. Le cardinal lui aurait remis la majeure partie de l'argent manquant. Une partie aurait servi à lui acheter une maison à Boca Raton, en Floride. Il y aurait également eu une voiture de luxe, des vêtements et des fourrures coûteux, ainsi que des cadeaux en espèces pour les vacances.

Le cardinal, bien que triste et se sentant rejeté à cause de ces allégations, affirmait fermement qu'il n'avait pas besoin de les contredire. Il était prêt à pardonner à tous les responsables. Mme Wilson était tout aussi catégorique : elle n'avait reçu aucun argent du cardinal. Dire qu'il y avait plus que de l'amitié entre eux était un mensonge éhonté, voire une plaisanterie. Elle était profondément indignée d'être scandalisée et présentée comme une femme entretenue ou (comme le disaient ses compatriotes) une « traînée ».

Sans les nombreuses chutes qui ont frappé l'Église moderne, une affaire comme celle-ci n'aurait guère mérité plus qu'une simple mention. Mais aujourd'hui, elle soulève des questions. S'agissait-il d'un coup monté, s'inscrivant dans une volonté séculaire de discréditer l'Église ? Le cardinal était-il personnellement corrompu ? Ou était-il l'un de ces infiltrés qui, sans véritable conviction religieuse, ont été secrètement encouragés à entrer dans l'Église dans le seul but d'en saper le tissu moral et traditionnel ?

À la lumière d'autres événements étranges qui se sont produits, cette suggestion n'a rien d'extravagant ; elle semble d'ailleurs confirmée par un long article paru dans *The Chicago Catholic* du 29 septembre 1978. Un congrès liturgique archidiocésain a été organisé afin, comme l'a déclaré l'un de ces modernistes férus de jargon, de maintenir l'Église « vivante, en mouvement, en mutation, en croissance, en renouveau, après plusieurs siècles de paralysie partielle ».

Dans le cadre de ce processus, des groupes de danseurs s'ébrouaient sous des lumières multicolores clignotantes, des trompettes retentissaient, les gens se bousculaient pour attraper des ballons remplis de gaz et portaient des badges sur lesquels était inscrit « Jésus nous aime » ; tandis qu'un prêtre, considéré comme un expert de la nouvelle liturgie, le visage blanchi comme celui d'un clown, défilait avec un haut-de-forme et un ventre grossièrement exagéré qui dépassait de la cape qu'il portait.

Tout cela se déroulait sur fond de vêtements liturgiques, de bannières et d'un mélange hétéroclite de peintures murales qui, dans le style « art moderne » approuvé, ne révélaient rien de plus que des éclaboussures de peinture appliquées avec désinvolture. La messe qui marqua la fin de ce congrès vraiment ridicule (qui, comme nous le verrons, n'était qu'un pâle reflet de ce qui se passait ailleurs et qui n'aurait jamais été imaginable avant l'époque du « bon pape Jean ») fut présidée par le cardinal Cody.

À une autre occasion, *le Chicago Tribune,* dans un article décrivant ce qu'il appelait un « autel des gays », faisait référence à une concélébration (c'est-à-dire la célébration de l'Eucharistie par deux ou plusieurs prêtres) dans une église de cette ville : Cent vingt-deux prêtres étaient présents à ce qui passait pour une messe, et tous étaient des pervers moraux avoués.

Aucune de ces profanations n'a suscité la moindre protestation de la part du cardinal John Patrick Cody.

Il est mort d'une crise cardiaque en avril 1982, alors que ce livre était en préparation.

Septième partie

Malheur à celui qui ne sait pas porter son masque, qu'il soit roi ou pape.

Pirandello.

Les concessions mutuelles dans les relations humaines posent un problème plus difficile que ceux qui sont normalement attribués à la science. Car ces derniers seront, selon toute probabilité, résolus avec le temps ; mais lorsqu'il s'agit des êtres humains, en particulier ceux qui ne sont plus de ce monde, nous sommes confrontés à des questions qui, dans notre monde, ont peu de chances de trouver une réponse.

Par exemple, il faut se demander pourquoi deux prélats, à quelques mois d'intervalle, sont morts dans des circonstances qui ne sont normalement pas associées à des ecclésiastiques, et plus particulièrement dans ces cas-là, à des ecclésiastiques de haut rang.

Lorsqu'un groupe de Parisiens, après avoir assisté à une fête religieuse à la campagne, est rentré tard dans la nuit du dimanche 19 mai 1974, certains ont remarqué que le prêtre qui les avait accompagnés semblait malade et fatigué.

Il s'agissait de Jean Danielou, âgé de soixante-neuf ans, cardinal, personnage complexe, difficile à cerner pour les gens ordinaires qui le connaissaient peu. Entré au noviciat jésuite en 1929, il avait été ordonné prêtre neuf ans plus tard. Auteur de quatorze ouvrages de théologie, doyen de la faculté de théologie de l'université de Paris, il était également membre de l'Académie française.

Tout en se livrant peu, il faisait certaines déclarations sur lui-même qui suscitaient des questions, voire la controverse. « Je suis naturellement païen et chrétien avec difficulté », disait-il, ce qui, bien sûr, exprimait un point de vue partagé par beaucoup de ses coreligionnaires, qui savent qu'il n'y a qu'un pas entre l'affirmation et l'incrédulité. Il était conscient des nouveaux éléments qui se formaient et se renforçaient au sein de l'Église, et bien qu'il jugeât librement - « Une sorte de peur s'est répandue, conduisant à une véritable capitulation intellectuelle face aux excès charnels » -, les conservateurs n'étaient pas plus en mesure de le compter parmi les leurs que les progressistes les plus virulents. Il fut l'un des fondateurs, en 1967, de la Fraternité d'Abraham, un groupe interconfessionnel réunissant les trois religions monothéistes, l'islam, le judaïsme et le christianisme.

« Aujourd'hui, nous péchons contre l'intelligence. » Les deux camps auraient pu revendiquer cette maxime. Certains l'accusaient, lorsqu'il semblait se retenir, d'être prude. Mais il a toujours affirmé être libre de tout engagement. « Je sens au plus profond de moi-même que je suis un homme libre. » Mais la liberté, lorsqu'elle n'est pas un slogan politique, ne peut être tolérée dans le monde pas plus que la vérité (comme l'avait compris la paysanne Jeanne d'Arc des siècles auparavant). Et plus Danielou se retirait de la société et vivait tranquillement dans sa résidence de la rue Notre-Dame-des-Champs, sans secrétaire ni voiture, plus il devenait suspect, voire ouvertement détesté.

Tout cela ne lui échappait pas, mais il essayait de ne pas s'y attarder. S'il l'avait fait, il admettait qu'il aurait été découragé, un échec évident qui n'avait pas su tirer parti de la promesse que lui offrait son ascension dans l'Église. Plus tard, il découvrit, ou du moins en vint à croire, que ses adversaires complotaient contre lui. Il y avait en effet une campagne de rumeurs et d'insinuations dans la presse qui l'obligeait, bien que ce fût plus par choix que par la force d'une opposition réelle, à se maintenir à la périphérie des événements, dans une position stable mais relativement peu impressionnante.

Il resta donc une figure problématique qui rentra chez lui ce dimanche à minuit après une journée épuisante à la campagne. Mais le lundi, rien ne changea dans sa routine. Il dit la messe comme d'habitude à huit heures, puis travailla dans son bureau et reçut quelques visiteurs. Il déjeuna dans un restaurant, puis se rendit chez un professeur de la Sorbonne.

Il semble que, pour une raison inexpliquée, une partie de son courrier ait été acheminée à une adresse située rue -Monsieur ; en effet, il le récupéra, rentra chez lui à trois heures, puis repartit un quart d'heure plus tard, après avoir dit qu'il comptait revenir à cinq heures.

Mais il n'est pas revenu. À trois heures quarante-huit, la police a reçu un message urgent d'une certaine Madame Santoni, qui occupait un appartement à l'étage supérieur du numéro 56 de la rue Dulong, un quartier peu recommandable situé juste au nord du boulevard des Batignolles. Son message a précipité la police sur les lieux, car il leur annonçait que nul autre qu'un cardinal était mort dans son appartement.

Danielou s'était rendu chez elle peu après trois heures et demie. Selon un témoin, il avait monté les escaliers quatre par quatre, puis s'était effondré en haut, le visage violet, et avait rapidement perdu connaissance. Elle avait déchiré ses vêtements et appelé à l'aide. Mais il était impossible de le ranimer, et les premiers arrivés avaient assisté, impuissants, à l'arrêt de son cœur.

À l'annonce à la radio du décès du cardinal, le nonce apostolique, accompagné du provincial des jésuites de France et du père Coste, supérieur des jésuites à Paris, arriva à l'appartement, ainsi que des journalistes de *France Soir* et des religieuses appelées pour s'occuper du corps qui était cependant déjà trop rigide pour être préparé pour les funérailles.

Le père Coste s'adressa aux journalistes. Il était essentiel qu'ils fassent preuve de la plus grande discrétion, et après avoir dit cela, il poursuivit en déclarant que le cardinal était mort dans la rue, ou peut-être dans l'escalier, après être tombé dans la rue.

« Oh non, ce n'est pas vrai », intervint Madame Santoni. Le père Coste s'opposa à son interruption, les autres ecclésiastiques se joignirent à lui, la police donna son avis, les journalistes posèrent des questions et, au plus fort de la discussion, bien que personne ne l'ait vue partir, Madame Santoni disparut et ne réapparut plus à l'enquête.

Or, la dame en question méritait bien le titre de Madame. Elle était bien connue de la police et de la presse, une blonde de vingt-quatre ans qui se prostituait sous le nom de Mimi, tantôt hôtesse dans un bar, tantôt go-go girl dans un cabaret ouvert toute la nuit, tantôt strip-teaseuse à Pigalle. Elle ne se rendait jamais à domicile, son mari tenant une maison close. Mais à cette époque, l'établissement était temporairement fermé, car son mari avait été condamné trois jours auparavant pour proxénétisme.

Les explications fournies par l'Église étaient vagues et allaient toutes dans le sens du verdict général selon lequel le cardinal avait éclaté un anévrisme ou avait été victime d'une crise cardiaque. Le cardinal Marty, archevêque de Paris, a rejeté la demande des catholiques et des milieux laïques qui souhaitaient qu'une enquête soit menée sur la mort du cardinal. Après tout, expliqua-t-il, le cardinal n'était pas là pour se défendre. C'est peut-être une réflexion malheureuse qui a poussé l'archevêque à dire que le cardinal devait se défendre. L'éloge funèbre a été prononcé à Rome par le cardinal Garrone, qui a déclaré : « Que Dieu nous pardonne. Notre existence ne peut manquer d'éléments de faiblesse et d'ombre. »

On peut se demander jusqu'où Garrone est allé dans son examen de conscience depuis lors, car bien qu'il fût connu pour appartenir à une société secrète, il a eu le culot de rester en place et de conserver sa barrette rouge. Un commentaire du journal orthodoxe *La* Croix était plus bref et plus pertinent :

« Quelle que soit la vérité, nous chrétiens savons bien que chacun de nous est un pécheur. »

Ce genre d'événement a fourni matière à écrire pendant une semaine aux journaux anticléricaux de gauche. L'un d'entre eux,

Le Canard Enchaîné,[15], avait déjà remporté un franc succès quelques années auparavant dans une controverse sur la propriété d'une chaîne de maisons closes située à quelques mètres de la cathédrale du Mans. Le journal affirmait qu'elles appartenaient à un haut dignitaire de l'Église. Ses amis et collègues ont fermement nié cette affirmation. Mais le journal a eu gain de cause. La même source n'hésitait pas à affirmer que le cardinal menait une double vie.

Il était sous surveillance depuis un certain temps, une mesure ordonnée par nul autre que M. Chirac, le Premier ministre. Lui et Jacques Foccard, ancien ministre de l'Intérieur, savaient parfaitement que le cardinal rendait régulièrement visite à Mimi.

Cette affirmation a été ridiculisée par les partisans de Danielou, ce à quoi le journal a rétorqué qu'il y aurait peut-être d'autres révélations à venir. « Si nous publiions tous les détails, cela suffirait à vous faire taire pour le reste de vos jours,. »

La vérité de cette étrange histoire réside peut-être dans l'une des quatre explications possibles.

L'une d'elles trouve peut-être son origine dans les effets du Concile Vatican II. Certains ont dit que Danielou considérait ce concile comme un désastre positif, et nous savons qu'il qualifiait l'école théologique plus libérale, née du concile, de lamentable, misérable, exécrable, misérable. Beaucoup lui en ont voulu, surtout lorsqu'il a poursuivi en les qualifiant d'assassins de la foi. Il était déterminé à faire tout son possible pour empêcher la sécularisation et la dégradation de la foi, ce qui l'a amené à penser, étant donné que les tempéraments humains sont tout aussi ardents à l'intérieur de l'Église qu'à l'extérieur, qu'il était en danger. Cela expliquerait la vie quelque peu recluse qu'il menait à Paris.

Mais il fit savoir qu'il était déterminé à résister et dressa une liste de ceux qu'il qualifiait de traîtres à l'Église. Certains de ceux

---

[15] Il s'agit d'un équivalent français légèrement plus radical du Private *Eye*.

dont le nom figurait sur cette liste lui vouaient une haine féroce, mais il annonça publiquement son intention de publier la liste.

Quatre jours plus tard, selon une théorie défendue par de nombreuses personnes qui ne sont certainement pas des poids légers, il fut assassiné par ceux qu'il aurait nommés. Puis, inspirés par une sorte d'humour macabre, ceux qu'il avait qualifiés d'« assassins » firent sortir son corps et le jetèrent dans un bordel. Après cela, la découverte surprenante fut facilement mise en scène.

Ceci est écrit en pleine connaissance de l'outrage que cela doit représenter pour ceux qui considèrent l'Église d'un point de vue purement paroissial, dans une heureuse ignorance de son histoire médiévale qui était destinée à se répéter, avec tous les coups bas et les coupes empoisonnées de cette période, quelques années plus tard, dans l'enceinte même du palais du Vatican.

Ou bien Danielou aurait-il été, plus tôt dans sa vie, l'un de ces infiltrés dont il en vint à détester l'influence ? Après avoir été initié à l'une des sociétés secrètes opposées à l'Église, aurait-il changé d'avis, ce qui lui aurait valu d'être considéré comme une menace ? Il existe de nombreuses preuves que ces sociétés n'avaient, et n'ont toujours, aucun scrupule à traiter les défaillants.

Cette hypothèse n'est pas sans fondement. En effet, dans la rue Puteaux, à Paris, se trouve une ancienne église dont la crypte sert de Grand Temple à la Grande Loge de France. Environ trois ans avant la mort de Danielou, l'évêque auxiliaire de Paris, Daniel Pezeril, y avait été reçu dans la loge, après avoir publié un communiqué pour justifier son geste. Il y disait : « Ce n'est pas l'Église qui a changé. Au contraire, c'est la maçonnerie qui a évolué. » C'est Mgr Pezeril qui fut chargé par le pape Paul VI de chercher un moyen de combler le fossé entre l'Église et les sociétés secrètes.

Le cardinal Danielou se rendait souvent dans la crypte, où on le voyait en consultation avec l'un des maîtres de la loge qui avait été honoré du titre de Grand Secrétaire de l'Obédience. Il faut donc se demander si la réponse à ce mystère se trouve auprès de ceux avec qui Danielou s'était entretenu dans la crypte.

Mais l'histoire relayée par les journaux satiriques était la plus virulente, la plus insistante et la plus répandue. Elle affirmait qu'il était évident, pour ceux qui se trouvaient dans l'appartement de Madame Mimi avant l'arrivée de la police, que le corps de Danielou avait été habillé à la hâte. Et s'il n'était pas l'un de ses clients, pourquoi s'était-il rendu là-bas avec les trois mille francs trouvés dans son portefeuille ?

Les colporteurs de ce scandale en conclurent que le cardinal était mort en état d'extase, sinon de grâce. Une autre version encore plus récente (nous sommes en novembre 1981) fait état d'un procès qui en est à ses débuts à Paris.

La veille de Noël 1976, le prince Jean de Broglie a été abattu par un tireur alors qu'il quittait la maison d'un ami. L'enquête a mis au jour un vaste réseau de fraude, de complicité et de chantage impliquant l'ancien président Giscard d'Estaing et un de ses amis, le prince Michel Poniatowski.

Ce dernier avait récemment évincé Jacques Foccard du poste de ministre de l' t de l'Intérieur, et Foccard utilisait désormais une femme, également connue de Giscard, pour obtenir de l'argent du prince. Foccard a déjà été mentionné dans le cadre de l'affaire Danielou.

Comme l'opération connue fait manifestement partie d'une vaste opération de dissimulation, il n'est ni possible ni nécessaire ici d'en dévoiler les détails, qui jettent un voile très sombre sur toutes les personnes concernées. Mais on prétend qu'ils expliquent la présence de Danielou dans le bordel et les trois mille francs qui ont été trouvés sur lui. Il s'agissait d'une des mensualités qu'il versait depuis trois mois pour le compte d'une personne, présentée comme un de ses amis, qui faisait l'objet d'un chantage.

Une conclusion des plus désarmante à toute cette affaire est apparue sous la forme d'une ligne ou deux dans un hebdomadaire religieux anglais, le *Catholic Herald*, qui annonçait brièvement que le cardinal Danielou était décédé à Paris.

2.

Même si la mémoire du public est courte, certains Parisiens qui avaient remarqué un évêque du sud-ouest de leur pays descendre d'un train dans l'après-midi du 12 janvier 1975 ont peut-être gardé un souvenir de la mort mystérieuse du cardinal Danielou.

Il s'agissait de Mgr Roger Tort, âgé de cinquante-sept ans, évêque de Montauban, sur la Tamise, juste au nord de Toulouse. Il devait assister à une réunion de la Commission épiscopale française et s'est rendu directement dans une chambre qu'il avait réservée au siège de la Société d'aide catholique, rue du Bac. Ses déplacements au cours des deux jours suivants ne sont pas connus, mais le jeudi 15, il déjeuna au siège de la Commission, rue du Regard, sur la rive gauche de la Seine. Il est possible qu'il se soit rendu ensuite chez un ami qu'il avait connu pendant la guerre, mais nous ne savons rien de lui jusqu'à ce qu'une alerte soit donnée et que la police soit appelée dans la nuit du 16.

L'agitation se concentrait dans la rue du Ponceau, toujours sur la rive gauche, une rue étroite donnant sur la rue Saint-Denis, un quartier connu pour ses maisons closes, ses prostituées et ses sex-shops, où brillaient des lampes rouges invitantes. La femme qui a donné l'alerte tenait l'une des maisons closes. Elle avait trouvé un homme visiblement malade dans la rue devant sa porte et avait demandé l'aide de deux autres prostituées pour le traîner à l'intérieur. Il était déjà mort.

Qui était-il ? Elle ne le savait pas et s'en moquait. Elle ne l'avait jamais vu auparavant. Elle avait fait ce qu'elle pouvait par pure « humanité ». Les lampes rouges clignotaient tandis que d'autres personnes arrivaient et que les versions contradictoires se multipliaient. L'inconnu était mort d'une crise cardiaque, entre sept et onze heures, dans la rue, dans le couloir ou dans l'une des chambres. Un journaliste, avide de nouvelles, a déclaré que l'évêque, une fois son identité confirmée, était venu de loin depuis son logement et le lieu de réunion de la Commission. Le journaliste a ajouté, appuyé par un jugement hâtif de la police, que, comme dans le cas de Danielou, le corps semblait avoir été habillé à la hâte.

Un apologiste ecclésiastique conseilla plus tard à toutes les personnes intéressées de rejeter ces pensées comme étant totalement indignes. Il fit remarquer que Mgr Tort, lorsqu'il fut retrouvé, portait toujours son anneau épiscopal et sa croix pectorale, et que son chapelet était toujours dans sa poche. La présence de ces objets suffisait certainement à prouver qu'aucune « intention inadmissible » ne l'avait conduit dans ce quartier.

Les faits, pour autant qu'ils puissent être connus, ne se prêtaient à aucune interprétation honteuse.

L'Église absout le défunt de toute culpabilité morale et, quelques semaines plus tard, un nouvel évêque était installé dans la petite cathédrale de Montauban.

Une lecture élémentaire de ces deux épisodes pourrait être considérée comme la preuve que les ecclésiastiques (en particulier les catholiques et, plus particulièrement encore, ceux qui occupent des positions élevées) peuvent être hypocrites et corrompus. Cela ne sera bien sûr contesté que par ceux qui refusent délibérément de voir la réalité, et le fait qu'ils puissent être membres de sociétés secrètes, en premier lieu et en dernier lieu, et donc dépourvus de véritable conviction religieuse, est le thème de ces pages. Mais il n'existe aucune preuve permettant d'établir un lien entre ces deux décès.

Dans le cas du cardinal, il existe des indices, même s'ils sont timides, qu'il ait été persuadé de jouer un rôle mineur dans un scandale politique majeur, ou qu'il ait pris clairement position dans une querelle religieuse ; or, les querelles religieuses, tout comme les guerres civiles, n'admettent aucune concession. Il n'y a toutefois aucune trace de l'implication de Mgr Tort dans quoi que ce soit de surprenant. On ne peut que supposer qu'il a été victime de sa faiblesse personnelle, d'un accident ou de la volonté de quelqu'un de discréditer la religion.

Mais quoi qu'il en soit, la similitude entre ces deux décès est frappante.

Huitième partie

> *L'atmosphère chrétienne, la tradition et la morale chrétiennes [...] sont en déclin et sont en fait largement remplacées par un mode de vie et une pensée opposés à ceux du christianisme.*
>
> Pape Pie XII.

Cette section traite de certains des changements les plus dramatiques de toute l'histoire, dont la signification ultime, au sens populaire, est largement passée inaperçue et qui, de ce fait, ont été acceptés sans commentaire par le monde entier. Mais ce sont des changements qui ont donné le ton à notre présent, qui façonnent notre avenir et qui, avec le temps, seront si bien établis qu'il semblera insensé ou excentrique de les remettre en question. Au risque d'être ennuyeux, et afin de souligner un point essentiel, il faut rappeler qu'il y a moins d'une génération, la Rome religieuse était considérée comme le seul centre immuable de la foi. Elle était imperméable à la nouveauté. Elle méprisait la mode et s'élevait au-dessus de ce qu'on appelle l'esprit du temps.

Sûre d'elle-même, elle n'admettait aucune spéculation, aucune des conjectures qui passent trop souvent sous le nom de découverte. Elle maintenait une attitude et enseignait, siècle après siècle, un message qui était toujours le même. C'est ce qu'elle affirmait, ce que ses adeptes approuvaient et ce que ses ennemis reconnaissaient.

Mais tout comme nous avons assisté à l'expansion du communisme à notre époque, un autre mouvement a menacé, au tournant du siècle, ce que l'on pourrait appeler l'ordre plus statique de la pensée. Il s'agissait, pour le dire très grossièrement, d'un mélange des préoccupations libérales et scientifiques du XIXe siècle, dont le but était de soumettre la Bible au même type de critique que celle dont avaient fait l'objet les mondes politique et scientifique. L'évolution, par opposition à la vérité établie et acceptée, était dans l'air ; le dogme était remis en question, et beaucoup y voyaient, même si certains de ses propagateurs n'avaient peut-être pas l'intention d'aller aussi loin, une négation de la religion surnaturelle.

Le pape régnant de l'époque, Pie X, dénonça le modernisme, comme on appelait alors ce nouveau mouvement, comme n'étant rien de moins que la libre pensée, une hérésie des plus dangereuses. Une encyclique publiée en 1907 et une condition qu'il imposa quelques années plus tard, selon laquelle le clergé devait prêter un serment antimoderniste, témoignaient de sa ferme opposition. Une situation similaire se créa plus tard lorsque Pie XII, confronté au communisme, le condamna à plusieurs reprises et promulgua en 1949 la sentence d'excommunication contre tout catholique qui l'approuvait ou le soutenait de quelque manière que ce soit.

Mais une différence très importante apparut rapidement entre l'accueil réservé à l'opposition exprimée par les deux papes. Pie X avait été accusé, pour l'essentiel, d'arrogance et d'intolérance. Mais Pie XII, faisant écho aux sentiments de Pie IX, Léon XIII et Pie XI, fut non seulement ridiculisé par les journalistes d'avant-garde, dont l'un le qualifia d'« aristocrate de province », mais il fut également combattu et contredit par celui qui, en 1963, monta sur le trône pontifical sous le nom de Paul VI.

Sa sympathie pour la politique de gauche n'avait jamais été mise en doute. Il avait coopéré avec les communistes. Son encyclique Populorum Progressio, publiée en 1967 sur le développement du monde, fut critiquée par le Wall Street Journal qui la qualifia de

« marxisme réchauffé ».[16] Mais le fait qu'il se soit ouvertement rangé de leur côté et qu'il ait renversé les jugements papaux antérieurs a marqué un nouveau départ pour un pontife d', dont les paroles ont porté sur la plus grande partie du monde chrétien.

Il était en phase avec son époque et sensible aux courants de son temps. Il était prêt à ouvrir des portes que tous ses prédécesseurs, même ceux au caractère douteux, avaient gardées fermées. Cela est apparu clairement en 1969, lorsqu'il a déclaré : « Nous sommes sur le point d'assister à une plus grande liberté dans la vie de l'Église, et donc dans celle de ses enfants. Cette liberté signifiera moins d'obligations et moins d'interdits intérieurs. Les disciplines formelles seront réduites [...] toute forme d'intolérance et d'absolutisme sera abolie. »

Ces déclarations ont été accueillies favorablement par certains, tandis que d'autres parmi ses auditeurs étaient remplis d'appréhension ; et lorsqu'il a qualifié certaines positions religieuses normalement acceptées d', déformées et entretenues uniquement par des personnes polarisées ou extrémistes, les espoirs ou les craintes des deux modes de pensée semblaient justifiés. Était-il en train de préparer le terrain pour ce qui serait pratiquement une nouvelle religion, libérée des notions et des pratiques établies, et embrassant tous les avantages du monde moderne, ou était-il déterminé à réduire à néant la religion établie jusqu'à ce qu'au lieu de se distinguer comme décisive et unique, elle n'apparaisse plus que comme une foi parmi d'autres ?

Les deux camps attendaient donc. L'un était favorable à un assouplissement promis, l'autre craignait que bon nombre de ses soutiens traditionnels ne soient sur le point d'être démantelés.

---

[16] Robert Kaiser, qui a approuvé les innovations de Vatican II.

2.

Là encore, je me sens obligé de répéter que ce qui suit n'est ni une attaque ni une défense. Il s'agit d'un simple résumé des événements qui se sont produits et des déclarations qui ont été faites ; si elles semblent partisanes, ce n'est pas la faute de l'auteur, mais celle du pape Paul qui les a toutes formulées dans le même esprit.

Il remit en cause et condamna le front uni présenté par Pie X face au modernisme. L'imposition par ce dernier d'un serment antimoderniste fut considérée comme une erreur, et Paul la supprima. L'Index des livres interdits et les prérogatives du Saint-Office, avec son droit historique d'imposer des interdits et des excommunications, appartenaient désormais au passé. Les lois canoniques de l'Église, jusqu'alors considérées comme des piliers, les gardiennes et les promulgatrices des décisions et des jugements, étaient désormais ouvertes à la critique et, si nécessaire, à la révision. L'histoire et les manuels scolaires, rédigés dans une perspective majoritairement catholique, étaient censurés ou réédités.

Les contacts de l'Église avec le monde et avec les autres religions devaient être plus ouverts et ne plus être menés du haut d'une autorité, d'un savoir et d'une expérience supérieurs. Il fut déclaré qu'il n'y avait pas de vérité absolue. La discussion ou le dialogue devaient remplacer la déclaration. Et de ces changements allait émerger une nouvelle société de culture humaniste, avec un arrière-plan catholique ostensible fourni par des théologiens avancés qui, sous Pie XII, avaient été maintenus en marge de l'Église.

Parmi eux figurait Hans Küng, dont les opinions étaient considérées comme plus anti-orthodoxes que celles avancées par Luther. Il affirmait avoir été spécialement défendu par Paul VI.

Le jésuite allemand Karl Rahner, dont la pensée était auparavant considérée comme trop extrême, était désormais encouragé par Paul à « aller de l'avant ». Le dominicain Schillebeeckx semait la consternation parmi le clergé néerlandais déjà découragé en déclarant que le christianisme devrait tôt ou tard capituler devant l'athéisme, car l'homme le plus honnête et le plus naturel était celui qui ne croyait en rien.

Loin d'être réprimandés, ces enseignants conservèrent leurs positions confortables et bénéficièrent d'une publicité inhabituelle pour des ecclésiastiques dans la presse. Même un journal irlandais qualifiait Hans Küng et Schillebeeckx de « théologiens les plus éminents au monde » ; et la conviction qu'ils bénéficiaient d'un soutien puissant se renforça lorsqu'on apprit, dans certains milieux ecclésiastiques, que des prélats tels que Suenens et Alfrink avaient menacé de former un « syndicat des cardinaux » si Hans Küng et ses écrits étaient condamnés.

L'interdiction totale du communisme et de ses partisans, décrétée par Pie XII, était considérée comme acquise, même si elle n'avait jamais été réellement appliquée. Mais malgré cela, des voix s'élevèrent pour demander sa suppression.

Au lieu d'une résistance glaciale au communisme, qui avait été une caractéristique acceptée de l'Église historique, un dégel s'installa, et il ne fut bientôt plus remarquable qu'un prêtre parle et agisse en faveur du marxisme. Certains accompagnèrent leur changement d'avis d'une profession de mépris pour le passé, comme le fit Robert Adolphs, prieur de l'influente maison augustinienne d'Eindhoven, aux Pays-Bas.

Dans *The Church is Different* (Burns and Oates), il affirmait que la philosophie de saint Thomas d'Aquin représentait « une forme assez desséchée de la pensée occidentale ». Il dénonçait l'antimodernisme de Pie X comme un « mouvement fasciste au sein de l'Église » et ridiculisait les

avertissements lancés par Pie XII qui avait imaginé « devoir lutter contre une sorte de complot moderniste clandestin qui utilisait une vaste organisation secrète pour saper les fondements de l'Église catholique ».

Le professeur flamand Albert Dondeyne s'est montré plus virulent dans *Geloof en Wereld (Croyance et monde)*, où il a critiqué la mentalité de l'Église qui a toujours été convaincue de la perfidie totale du communisme. Il a qualifié d'extrêmement dangereuse l'habitude de l'Église de présenter les choses comme si le christianisme était simplement et sans réserve opposé à l'ordre communiste de la société.

« La société chrétienne, poursuivait-il, fait de Dieu le serviteur d'une sorte d'intérêt partisan chrétien.

Elle peut, poursuivait-il, identifier le communisme au diable, mais qu'en est-il si ce diable particulier a été conjuré par les erreurs et les défauts du christianisme lui-même ? » Il admettait que l'aspect inhumain du marxisme ne pouvait être nié. « Mais cela n'exclut pas totalement qu'il existe dans le communisme des valeurs positives majeures auxquelles le christianisme du XIXe siècle aurait dû être ouvert et auxquelles le christianisme doit rester réceptif aujourd'hui. »

Un plaidoyer similaire émanait d'un endroit des plus inattendus, le journal semi-officiel du Vatican, *L'Osservatore Romano*, qui recommandait d'enseigner aux catholiques à collaborer avec les marxistes pour le bien commun. Le communisme, affirmait-il, avait radicalement changé depuis l'époque de Lénine et de Staline, et il n'y avait désormais aucune raison pour que l'Église, ne serait-ce qu'en raison de son aspect humanitaire, ne le considère pas comme un allié. Les anciennes différences entre eux disparaissaient, et l'Église devait désormais reconnaître, comme plusieurs gouvernements d'Europe occidentale étaient sur le point de le faire, que le communisme avait un rôle essentiel à jouer dans la construction de l'avenir.

Les traditionalistes voyaient ces avancées avec une certaine inquiétude. À leurs yeux, une porte s'ouvrait, laissant entrer les éléments marxistes dans leur bastion ; et ces craintes se renforcèrent lorsque les responsables communistes et vaticanistes montrèrent des signes d'une collaboration jusqu'alors impensable.

Des prélats dont les noms sont connus du grand public, les toujours serviables Suenens, Willebrands, Bea et Konig de Vienne, se sont montrés prêts à marcher main dans la main avec des agents tout droit venus de Moscou, qui, peu de temps auparavant, avaient ridiculisé la prétention de l'Église à exercer une souveraineté morale sur les esprits. Plus personne ne mentionnait désormais cette revendication. Au contraire, une liste de détails d' s quotidiennes, qui ne cessait de s'allonger au fil des ans, montrait comment les porte-parole athées et orthodoxes passaient du dialogue à une série d'échanges amicaux.

L'archevêque Casaroli, agissant en tant qu'intermédiaire entre le Vatican et les États satellites, s'est rendu dans la capitale soviétique à bord d'un avion de ligne rouge. Lui et les membres du Comité central ont trinqué ensemble au Kremlin. Il a dîné avec des officiers du KGB en Bulgarie, puis en Tchécoslovaquie.

La presse laïque a diffusé ces informations comme la preuve que l'Église était enfin descendue de son piédestal et acceptait la démocratie ; et la nervosité ressentie auparavant par les traditionalistes s'est transformée en une peur réelle lorsque Paul VI, entre *1967* et *1978*, par ses propres paroles et actions, a donné des preuves de ce changement très net dans *la politique* du Vatican.

Résumons brièvement les événements allusifs de cette époque. Les soulèvements armés locaux se multipliaient partout en Afrique, et le pape soutenait ces mouvements même lorsqu'ils conduisaient souvent au massacre de femmes et d'enfants. Dans un revirement surprenant, il déclara que les chrétiens de ces régions étaient les terroristes et que les Blancs qu'ils avaient déplacés avaient toujours exercé une mauvaise influence. Lorsque les rouges ont finalement pris le contrôle des provinces du Mozambique et de l'Angola, il les a salués comme les représentants légitimes du peuple et a exprimé le souhait personnel de rencontrer certains des chefs de la guérilla.

Trois d'entre eux, Amilcar Cabral, Agostino Neto et Marcellino dos Santos, se rendirent donc au Vatican, où ils se prosternèrent devant le pape qui leur remit une lettre reconnaissant *de* facto leur régime communiste. Mais il se montra moins conciliant lorsqu'une délégation lui montra des photos, certaines révoltantes, des activités meurtrières menées par des terroristes d'Afrique de l'Ouest.

Les journalistes sceptiques ont échangé des regards complices lorsqu'il a fait des efforts très évidents pour les écarter.

Tout aussi surprenant était le respect affectueux qu'il professait pour Obote, en Ouganda, qui avait un long passé de violence et qui, au moment où nous écrivons ces lignes, fait encore la une des journaux comme étant un tyran encore plus sanguinaire que l' e Amin. Les Noirs d'Ouganda ont en fait été exhortés par le pape – ce doit être le premier appel de ce genre jamais lancé par une telle autorité – à prendre les armes contre les Blancs.

À Alger, une grande partie du demi-million de catholiques, sous la direction de Mgr Duval, a été massacrée lorsque la population musulmane, largement majoritaire, s'est retournée contre eux. Duval a abandonné ses ouailles et s'est rallié à leurs ennemis, un acte de trahison qui lui a valu d'être nommé prince de l'Église par le pape Paul VI.

Une autre situation déroutante s'est produite en Espagne, à une époque où les fusillades de policiers par des tireurs basques atteignaient un niveau alarmant. Cinq des tireurs ont été arrêtés et condamnés à mort.

Ce fut un moment de deuil pour le pape Paul, qui qualifia les exécutions qui suivirent d'« acte de répression meurtrier ». Il offrit des prières spéciales, mais uniquement pour les meurtriers.

Leurs victimes ne furent jamais mentionnées. Encouragé par Rome, le communisme connut un regain d'activité au Mexique et dans les États d'Amérique latine. Mgr Ignaccio de Leon, s'exprimant au nom des évêques mexicains, déclara que son Église s'était montrée impuissante face aux problèmes sociaux. La plupart des personnes impartiales conviendront que c'était probablement le cas. Mais le marxisme qu'il prêchait ouvertement en chaire n'offrait guère un meilleur exemple.

Le cardinal Henriquez célébra un *Te Deum* dans sa cathédrale lorsque Salvador Allende, qui se vantait d'être athée, devint président du Chili. De nombreux catholiques, influencés par la hiérarchie, avaient utilisé leur vote pour l'aider à accéder au pouvoir. Le nom du Christ était désormais rarement entendu dans ces pays autrefois très orthodoxes, sauf lorsqu'il était utilisé pour inviter à une comparaison dépréciative avec des personnalités telles que Lénine et Mao Tsé-Toung. Le révolutionnaire Fidel Castro, de Cuba, était honoré comme un homme inspiré par Dieu. »

Les causes qui suscitent la suspicion sont parfois dissimulées sous des termes euphémiques, et les observateurs alarmés par les tendances politiques du pape Paul étaient susceptibles d'être rassurés en apprenant qu'il suivait une politique expansionniste : « Mais quelle que soit leur nature, ses sympathies s'étendaient certainement sur une large zone. Il a avoué se sentir proche spirituellement de la Chine communiste. Il a envoyé son agent diplomatique accrédité auprès de l' e auprès du gouvernement communiste de Hanoï. Il a exprimé son soutien aux régimes athées de Yougoslavie et de Cuba. Il a entamé des pourparlers avec le gouvernement hongrois contrôlé par la Russie.

Mais il était moins cordial dans ses relations avec un pays traditionnellement orthodoxe comme le Portugal.

Sa présence dans ce pays en mai *1967* suscita de nombreux commentaires, tant en raison des dispositions presque informelles qu'il prit pour rencontrer le président catholique Salazar que de la manière dont (comme le remarqua l'un de ses plus proches collaborateurs) il marmonna pratiquement pendant la messe qui marqua le point culminant de sa visite.

On tenait pour acquis qu'il accueillerait favorablement une rencontre avec Lucia dos Santos, la dernière survivante des trois enfants qui, en *1917*, avaient été témoins des apparitions et des phénomènes étranges qui les avaient accompagnées dans la petite ville de Fatima. Mais le pape la repoussa d'un ton irrité : « Allons, allons, plus tard. » Après coup, il l'a renvoyée vers un évêque.

Claudia Cardinale et Gina Lollobrigida ont reçu un accueil différent lorsque le pape les a reçues au Vatican. Elles n'étaient certainement pas habillées de manière appropriée pour une audience papale, et la foule qui s'était rassemblée pour admirer les stars a exprimé son admiration pour la largeur d'esprit du Saint-Père.

C'est ici qu'il convient de mentionner un rapport qui m'a été transmis par M. Maurice Guignard, ancien élève de la Compagnie de Jésus au collège Saint-François-de-Sales, à Évreux, en Normandie. Ce rapport, daté du 7 août 1972, provenait d'un organisme de défense de la foi, situé à Waterloo Place, à Hanovre. Il avait été rédigé « par obéissance » aux ordres du père Arrupe, supérieur général de la Compagnie, et était l'œuvre du père Saenz Arriaga, docteur en philosophie et en droit canonique.

Outre ces jésuites influents, ce document a été corroboré et contresigné par les membres suivants de la Compagnie :

- Le cardinal Danielou, dont l'histoire de la mort mystérieuse, en 1974, est racontée dans la septième partie de cet ouvrage.
- Le père Grignottes, secrétaire particulier et confesseur du père Arrupe.
- Le père de Bechillon, ancien recteur d'Évreux.
- Le père de Lestapis, anciennement d'Évreux et responsable pendant quelque temps des émissions de Radio Vatican.
- Le père Bosc, ancien professeur à Évreux et professeur de sociologie à l'université de Mexico.
- Le père Galloy, membre de la faculté du Collège de Lyon.

Au sujet du passé de Paul VI, il est indiqué que de 1936 à 1950, il a joué un rôle important dans un vaste réseau d'espionnage qui couvrait certains des pays, des deux côtés, impliqués dans la Seconde Guerre mondiale.

Il ajoute qu'il était l'un des principaux actionnaires, avec un archevêque maronite,[17] d'une chaîne de maisons closes à Rome. Il a trouvé les fonds nécessaires à la réalisation de divers films, tels que le film érotique *Les Tentations de Marianne*, qu'il a financé à condition que le rôle principal soit confié à une certaine actrice nommée Patricia Novarini. Lorsqu'elle ne travaillait pas au studio de cinéma, cette jeune femme se produisait comme strip-teaseuse au Crazy Horse Saloon, une boîte de nuit huppée de Rome.

La tolérance accordée aux stars de cinéma n'était toutefois pas accordée à ceux qui refusaient, même au prix de grands sacrifices, de compromettre avec les Russes. C'était le cas du cardinal Slipyi qui, en tant que patriarche de l'Église ukrainienne, avait été témoin de la mort, de la déportation ou de la disparition inexpliquée d'environ dix millions de ses coreligionnaires catholiques. Il fut finalement arrêté et passa plusieurs années en prison.

À sa libération, il dénonça les « traîtres de Rome » qui coopéraient avec ceux qui avaient été ses oppresseurs. « Je porte encore sur mon corps les marques de la terreur », s'écria-t-il à ceux qui, comme le pape Paul, étaient soudainement frappés de surdité. Le pape refusa en effet de le reconnaître comme patriarche et, dès lors, Slipyi rencontra un nombre surprenant d'obstacles et de harcèlements à chaque tournant.

---

[17] Les Maronites sont un groupe de catholiques orientaux, nommés d'après leur fondateur, Maro, et principalement installés au Liban.

3.

Il fallait s'attendre à ce que l'attitude du Vatican se reflète tôt ou tard dans un changement d'opinion similaire parmi le peuple romain ; les élections qui s'y déroulèrent en 1978 aboutirent à un résultat qui aurait autrefois été considéré comme une catastrophe, mais qui était désormais considéré comme banal. Le président nouvellement élu était Sandro Pertini, membre de longue date du Parti communiste, qui a rapidement introduit des mesures touchant tous les domaines de la vie familiale italienne, jusqu'alors bien établie.

De nombreux catholiques, influencés par les relations amicales qui avaient existé entre les dirigeants rouges et le bon pape Jean, ont donné leur voix à Pertini.

Les traditionalistes se souvenaient des instructions données par le marquis de Franquerie dans *L'infaillibilité pontificale* à ceux qui projetaient d'infiltrer l'Église : « Rendez le vice populaire parmi les masses. Quels que soient les désirs de leurs cinq sens, satisfaites-les... Créez des cœurs pleins de vice et vous n'aurez plus de catholiques. » Et maintenant, comme le marquis l'avait justement prévu, un effondrement général s'est produit dans toutes les classes sociales et tous les domaines de la vie, des écoles primaires aux usines, dans les rues et dans les foyers.

Les meurtres se multiplièrent, tout comme les enlèvements de personnes riches contre rançon. Le crime et le chaos prospéraient, tandis qu'une propagande anti-police affaiblissait la loi. L'axiome qui prévalait, et pas seulement chez les jeunes, était que tout était permis. La pornographie fleurissait. Le marteau et la faucille étaient peints sur les portes des églises, et des graffitis ridiculisant les prêtres, l'Église et la religion en général apparaissaient sur les murs et les panneaux d'affichage.

La réaction du pape à cette situation n'a pas surpris ceux qui étaient déjà consternés par ses opinions procommunistes. Il a invité Pertini au Vatican, où l'on a découvert que les deux hommes avaient tellement en commun que leur rencontre a ensuite été décrite par le pape comme émouvante. « Cette rencontre nous a beaucoup rapprochés », a-t-il déclaré. « Les paroles de l'éminent visiteur étaient simples, profondes et pleines de sollicitude pour le bien-être de l'homme, pour toute l'humanité. »

La même année, Giulio Argan devint maire de Rome. Lui aussi était un communiste endurci, et son élection confirmait encore davantage le basculement politique en Italie. Le pape Paul, se déclarant satisfait de la tournure des événements, se réjouissait de travailler avec le maire dans un esprit « d'espoir, de confiance et de gratitude anticipée ».

Nous avons jusqu'ici donné des exemples de l'engagement personnel du pape envers les principes marxistes. Et le fait qu'il n'était nullement opposé à faire des compromis ou à renoncer à la doctrine de l'Église fut prouvé par la manière dont il traita le cas d'Alighiero Tondi, un prêtre qui quitta l'Église et devint un fervent militant pour Moscou.

Tondi épousa Carmen Zanti, qu'il avait choisie pour son regard mélancolique et sa voix douce. Tondi n'avait jamais été dispensé de ses vœux antérieurs, mais le pape Paul n'eut aucune difficulté à déclarer que son mariage, dépourvu de toute forme religieuse, était valide au regard du droit canonique.

Entre-temps, Carmen avait si bien utilisé sa voix qu'elle fut élue à la Chambre des députés soviétique, puis au Sénat. Ensuite, tous deux agents du KGB, ils se rendirent à Berlin où Carmen, qui était manifestement plus ambitieuse que Tondi (qui avait des remords), devint la dirigeante de l'organisation communiste féminine.

Tondi, qui n'avait jamais tout à fait oublié son ordination, souffrait d'une crainte prématurée des flammes de l'enfer et souhaitait revenir dans l'Église. Rien de plus facile, répondit le pape Paul, qui n'était pas du tout délicat. Il leva l'excommunication du pénitent, l' lui assura qu'il n'avait pas besoin de se rétracter et déclara que son mariage était toujours parfaitement valide.

Le fait que le communisme ait été « humanisé » par nul autre que le chef de l'Église n'était pas sans effet sur d'autres pays. Lorsque le Comité national de l'Action catholique pour les travailleurs se réunit en France, sept membres cotisants du Parti communiste y assistèrent. Les évêques français fermèrent les yeux sur leurs tendances antinationales et perturbatrices.

En Angleterre, le cardinal Hume de Westminster a exprimé sa sympathie pour les mouvements qui contestaient l'autorité des gouvernements opposés à la gauche. Et en février 1981, le cardinal Gray et son évêque auxiliaire, Mgr Monaghan, dirigeants de l'archidiocèse de St Andrews et d'Édimbourg, ont appelé les catholiques à soutenir Amnesty International, un mouvement qui, sous la bannière des droits de l'homme, apportait toute l'aide possible, morale et autre, aux agitateurs qui, dans plusieurs parties du monde, œuvraient au renversement de l'ordre établi.

Les éléments mécontents au sein de l'Église, qui avaient une voix plus faible et aucun poing serré pour souligner leur protestation, découvrirent rapidement qu'ils n'avaient aucun droit de recours contre l'imposition de ce qui, à leurs yeux, constituait un danger plus mortel que l'hérésie. Un porte-parole des catholiques traditionnels en Amérique, le père Gommar de Parrw, a expliqué leur perplexité au Vatican et a imploré des conseils. Sa lettre n'a même pas reçu de réponse. Lorsqu'il a été annoncé qu'un congrès de prêtres espagnols pour la défense de la messe se tiendrait à Saragosse, un édit publié par le pape Paul, presque à la dernière minute, a empêché la réunion.

4.

Les couleurs autrefois fièrement indépendantes de l'Église catholique ont été sensiblement abaissées lorsque le pape Paul est entré en « dialogue » avec le Conseil œcuménique des Églises.

À cette époque, en 1975, plus de deux cent soixante-dix organisations religieuses de diverses natures étaient regroupées sous l'égide du Conseil, et il est rapidement apparu que celui-ci défendait les théories de libération introduites par Jean XXIII et poursuivies par Paul VI. Il disposait de fonds pour soutenir des mouvements subversifs dans ce qu'on appelle le Tiers-Monde, à tel point que même notre presse a été contrainte de se plaindre de l'aide qu'il leur accordait.

Ses dons n'étaient pas avares. Par exemple, comme le déplorait le Daily *Express*, 45 000 livres sterling avaient été versées à des terroristes responsables du massacre de femmes, d'enfants et de missionnaires blancs ; et l', l'Anglican *Church Times* remarquait que le Conseil œcuménique des Églises « a développé un parti pris politique clairement marxiste dans sa préférence pour une révolution de gauche ».

L'Église catholique s'était toujours tenue à l'écart du Conseil œcuménique. Mais l'avènement de l'œcuménisme avait changé la donne, et les tendances dangereuses du Conseil étaient minimisées afin de favoriser l'harmonie entre les différentes religions.

Le pape Paul, réputé pour être toujours prêt à évoluer avec son temps, était disposé à se rallier au Conseil. Mais il devait agir avec prudence, car l'opinion catholique à travers le monde avait jusqu'alors été bien formée à résister à toute atteinte à ses droits et à ses revendications historiques.

Ainsi, lorsqu'on lui demanda si une alliance pouvait être conclue, il répondit par un « pas encore » diplomatique. Mais il montra où allait sa sympathie en offrant personnellement 4 000 livres sterling pour soutenir le travail du Conseil et son aide aux guérilleros.

Le pape actuel, Jean-Paul II, a annoncé son intention de renouer les négociations avec les pro-terroristes.

5.

C'est sur une note plus sinistre que s'achève ce résumé de l'intransigeance du pape Paul.

Le nom d'un adorateur du diable avoué, Cardonnel, est pratiquement inconnu ici, mais dans d'autres pays, ses écrits ont suscité des sentiments divers, allant de l'admiration mêlée de crainte à l'horreur chez ceux qui les ont lus.

En tant que membre de l'ordre dominicain, il a été autorisé à prendre la parole à Notre-Dame de Paris au milieu du carême 1968. Les auditeurs ont été frappés par ses expressions antichrétiennes virulentes, qui lui ont valu le surnom de « théologien de la mort de Dieu ». Il s'est vanté de ce titre, a quitté son ordre et finalement l'Église, et est devenu un adorateur du diable endurci. Dans une explosion typique, il a comparé le Dieu chrétien à Staline, à une bête, et finalement à Satan.

Le pape Paul admirait son œuvre et, bien qu'il ait ignoré les demandes des catholiques qui souhaitaient préserver leur religion, il tint à écrire à Cardonnel pour le féliciter et lui adresser ses meilleurs vœux.

Partie IX

> *Ô changement au-delà de tout rapport, de toute pensée ou croyance !*
>
> Milton.

La section suivante a été écrite avec quelques hésitations. D'une part, elle conduit, dans une partie ultérieure, à des événements surprenants, obscènes, profanateurs, qui ont eu lieu dans des édifices consacrés par le rituel et par l'histoire, que les catholiques pratiquants préféreront peut-être ignorer. D'autre part, elle traite de l'enseignement de l'Église sur la messe, ou plutôt de ce que l'Église enseignait sur la messe lorsqu'elle parlait encore avec une autorité reconnue même par ceux qui refusaient de l'accepter.

Il est donc nécessaire, pour éclairer la compréhension de ceux qui ne connaissent peut-être pas cet enseignement, de passer en revue quelques aspects essentiels de celui-ci.

La messe n'était pas un simple service. Elle était l'acte central de la vie de l'Église, un grand mystère par lequel le pain et le vin étaient consacrés et devenaient ainsi le corps et le sang réels du Christ. Elle était le sacrifice du Calvaire renouvelé, un gage du salut opéré par le Christ qui était là, sous les espèces sacrées du pain (« Ceci est mon corps ») et du vin, sur l'autel.

Chaque fois qu'un catholique se trouvait dans un environnement étranger, la messe était là comme point de ralliement pour son culte. Il en avait été ainsi, à quelques modifications mineures près, pour les catholiques latins depuis les premiers siècles du christianisme (à partir du VIIe siècle environ) d'après les sources écrites. Et il en serait ainsi, enseignait l', et les fidèles le croyaient, jusqu'à la fin des temps, un rempart contre l'erreur qui inspirait une atmosphère de sainteté - ou d'impressionnante comédie, appelez cela comme vous voulez - reconnue tant par les fidèles que par les incroyants.

Augustine Birrell (1850-1933), libéral et protestant, qui fut un temps secrétaire pour l'Irlande, était typique de ceux qui le savaient. « C'est la messe qui compte, disait-il. C'est la messe qui fait la différence, si difficile à définir, entre un pays catholique et un pays protestant, entre Dublin et Édimbourg. »

La qualité unique de ce que l'on pourrait appeler, en termes simples, un repère religieux, a toujours influencé les plans de ceux qui se sont donné pour mission de vaincre l'Église. La messe s'est toujours dressée sur leur chemin, comme une pierre d'achoppement qu'il fallait démolir avant que leur attaque ne puisse progresser. Elle a été dénigrée comme une superstition grossière, un simple geste accompagné de paroles, qui trompait les crédules.

L'assaut contre elle fut le plus violent et partiellement couronné de succès au XVIe siècle ; et lorsque l'Église reprit son souffle, elle convoqua un concile qui prit le nom de la petite ville de Trente, devenue plus tard une province italienne, où furent définis les principes de la Contre-Réforme. Et ces principes prirent forme, en grande partie, comme une défense du point central qui n'avait jamais été perdu de vue : la messe.

Ils furent codifiés par Pie V, le futur saint qui avait commencé sa vie comme berger et qui, conformément au verdict de Rome selon lequel le mariage d'Henri VIII avec Anne Boleyn était invalide, déclara que leur enfant, la reine Elizabeth I d'Angleterre, était donc à la fois hérétique et bâtarde. Et depuis lors, l'écho de son tonnerre ferme, intransigeant mais toujours digne, a continué de résonner en association avec l'ancienne cathédrale romane de Trente, lieu qui a donné son nom, tridentin, à l'ordre de la messe qui devait devenir d'usage général pour toute l'Église et pour toujours.

Le Missel qu'il rédigea et dans lequel cela fut décrété ne laisse aucun doute à ce sujet : À l'avenir, aucun prêtre ne pourra jamais être contraint d'utiliser une autre manière de célébrer la messe. Et afin qu'une fois l' e pour tous, toute scrupule de conscience et toute crainte de sanctions et de censures ecclésiastiques soient écartés, nous déclarons par la présente que c'est en vertu de notre autorité apostolique que nous décrétons et prescrivons que le présent ordre doit rester en vigueur à perpétuité et ne pourra jamais être révoqué ou légalement modifié à l'avenir. »

Le décret avertissait spécifiquement « toutes les personnes en autorité, quelle que soit leur dignité ou leur rang, y compris les cardinaux, et leur ordonnait, sous peine d'obéissance stricte, de ne jamais utiliser ni permettre d'autres cérémonies et prières de messe que celles contenues dans ce Missel ».

Cela a été répété, comme pour préciser doublement, même à ceux qui étaient déjà convertis, qu'il parlait en tant que pape : « Ainsi, ce Concile parvient à la doctrine véritable et authentique sur ce vénérable et divin Sacrifice de l'Eucharistie, doctrine que l'Église catholique a toujours tenue et qu'elle tiendra jusqu'à la fin du monde, telle qu'elle l'a apprise de Notre Seigneur Jésus-Christ lui-même, des apôtres et du Saint-Esprit. »

Peu d'affirmations papales ont été plus explicites. La messe, telle qu'elle était généralement connue, devait être préservée, inchangée et immuable, pour toujours. Mais le cardinal Bugnini, qui avait continué à s'accrocher à sa fonction après que son appartenance à une société secrète eut été révélée, et Paul VI, qui feignait d'ignorer cette révélation, ont rapidement fait table rase de la déclaration du pape Saint Pie V.

On a appris plus tard que, quelque vingt ans avant que Vatican II ne réduise en bouillie le livre de la messe traditionnelle, un prêtre-professeur avait été chargé d'élaborer des plans pour des changements liturgiques progressifs ; tandis qu'en décembre 1963, le Concile introduisait de nouvelles pratiques et une nouvelle phraséologie qui, au début, n'ont guère eu d'impact sur le public.

Mais maintenant, le pape Paul et le cardinal Bugnini, assistés du cardinal Lercaro, allèrent de l'avant, avec l'aide de non-catholiques qu'ils qualifiaient d'« experts autorisés en théologie sacrée ».

2.

Les experts appelés à modifier le Saint-Sacrement de l'Église catholique comprenaient un ou deux protestants : le chanoine Ronald Jasper, Robert McAfee Brown, un presbytérien, Biother Thurion, qui était luthérien, un calviniste, un rabbin et un certain Joachim Jeremias, ancien professeur à l'université de Göttingen qui niait la divinité du Christ.

Bugnini a déclaré qu'ils étaient simplement présents en tant qu'observateurs, qu'ils n'avaient pas voix au chapitre lors des discussions sur les changements. Mais outre le fait qu'ils ont affirmé avoir joué un rôle actif dans le Concilium, qu'ils l'ont commenté et ont fait des suggestions, il suffit de se demander pourquoi, sans objectif précis, ils ont été invités à y participer.

Quelle que soit la décision prise par ce groupe très hétéroclite, a déclaré le pape Paul, elle serait « conforme à la volonté de Dieu ». Elle devait également correspondre à l'état d'esprit de « l'homme moderne ». Et ce qui ressortit de leurs délibérations fut un missel Novus *Ordo* (Nouvelle Messe), véritable signe des temps qui signifiait que l'ère de la « mini-messe » et de la musique « pop » dans l'Église, avec toutes les profanations qu'elle entraînait, était sur le point de commencer.

De telles innovations exigeaient une obéissance aveugle de la part de ceux qui croyaient que la conformité à tout ce qui était dit et fait par le clergé, en particulier dans l'église, était une vertu. Ceux qui remettaient en question ces changements se voyaient répondre de ne pas présumer davantage. On leur disait que c'était de la contumace et que cela déplaisait à Dieu ; tandis que le fait que beaucoup étaient résolus à s'opposer aux changements et tournaient le dos au Novus *Ordo* leur valait d'être accusés de péché mortel et d'infliger une nouvelle blessure au Père aimant qui attendait de les accueillir.

Après tout, le Vatican et son porte-parole en chef, le pape Paul, avaient approuvé les changements. Une révolution avait été accomplie, et tout cela était pour le bien. L'ancien Missel romain était devenu obsolète. Les progressistes étaient ravis. Et maintenant, ils allaient au-delà de leur objectif initial et allaient de l'avant.

Un certain nombre de pratiques qui pouvaient sembler mineures à première vue ont été examinées de près.

La génuflexion et l'agenouillement pour recevoir la Sainte Communion ont été jugés inutiles. En entrant dans une église dont l'intérieur leur était familier depuis longtemps, les fidèles étaient choqués de voir que l'autel en travertin, peut-être inestimable, avait été remplacé par une table, devant laquelle le prêtre, désormais parfois appelé « président », faisait face à l'assemblée et, dans une langue vernaculaire maladroite au lieu de l'ancienne musique verbale (car le latin a toujours été détesté par les ennemis de l'Église), invitait les fidèles à se joindre à lui pour « passer ».

La manière de recevoir la communion avait également beaucoup changé. L'hostie pouvait être donnée dans la main, comme on a pu le constater lorsque le pape Paul a célébré une nouvelle messe à Genève. Un certain nombre d'hosties étaient remises à une jeune fille qui se tenait à proximité, et celle-ci les distribuait dans les mains, parfois sales ou collantes, des personnes qui l'entouraient, ou dans la main de tout spectateur qui s'approchait pour voir ce qui était distribué.

Une autre méthode consistait à placer les éléments sacrés à usage unique dans un calice, puis à inviter les fidèles à s'avancer et à se servir eux-mêmes. On pouvait donner un goût supplémentaire au pain en le trempant dans le vin. Jusqu'alors, il était hors de question que des non-catholiques reçoivent la communion pendant la messe. Mais le pape Paul VI introduisit une nouvelle « mise à jour » en autorisant une dame qui se disait presbytérienne, Mlle Barberina Olsen, à recevoir l'hostie.

Son exemple fut suivi. Le cardinal Bea, puis le cardinal Willebrands, autorisèrent leurs évêques à lancer une invitation ouverte ; puis le cardinal Suenens, à la fin d'un congrès à Medellion, en Colombie, invita tout le monde à s'avancer, la bouche ouverte ou la main tendue.

Une bataille plus décisive a été livrée à Rome, où la nouvelle messe de Bugnini a été célébrée dans la chapelle Sixtine. Une large majorité des prélats présents ont voté contre. Le nombre exact était de soixante-dix-huit pour et deux cent sept contre. Le cardinal Ottaviani, orthodoxe qui n'a jamais perdu son rang, a examiné le texte de la version vandalisée et y a trouvé une vingtaine d'hérésies.

« La nouvelle messe, a-t-il déclaré, s'écarte radicalement de la doctrine catholique et démantèle toutes les défenses de la foi. » Le cardinal Heenan de Westminster a exprimé le même sentiment : « L'ancienne vantardise selon laquelle la messe est partout la même [...] n'est plus vraie. »

Ottaviani était à la tête du Saint-Office, qui exerçait la tutelle sur la foi et les mœurs.

Le pape Paul réprima sévèrement le Saint-Office et coupa les ailes du cardinal ; il fut tellement irrité par le vote défavorable qu'il interdit que la nouvelle messe fasse jamais l'objet d'un nouveau scrutin. Dès lors, elle fut officiellement approuvée, mais sans être populaire. Des milliers de personnes, qui ne pouvaient tolérer une forme de messe moins digne que le service de communion protestant, quittèrent l'Église ou cessèrent d'y aller. De nombreux prêtres suivirent leur exemple. Ceux qui restèrent fidèles à la décision incontestable de Pie V sur la messe furent menacés de suspension, voire d'excommunication.

L'un des premiers à être déclaré anathème pour avoir observé l'ancienne messe fut un prêtre quelque peu éloigné des scènes de tension, le père Carmona d'Acapulco, au Mexique. L'évêque Ackermann de Covington, en Amérique, confronté à un certain nombre de prêtres orthodoxes et donc récalcitrants dans son diocèse, se lamentait avec impuissance : « Que puis-je faire ? Je ne peux pas les jeter en prison. » Leurs doutes se résumaient à une question laissée à la réponse du pape Paul : l'introduction de la nouvelle messe était-elle le début d'une nouvelle ère d'obscurantisme sur terre, ou le signe avant-coureur d'une crise sans précédent au sein de l'Église ?

Il refusa de répondre. Et le même mur de silence fut rencontré par une délégation de prêtres qui imploraient le retour à l', la messe traditionnelle ; tandis que des milliers de personnes venues de plusieurs régions d'Europe, qui s'étaient rendues à Rome dans le même but, furent refoulées.

Ceux qui avaient provoqué ces changements n'avaient pas agi à l'aveuglette. Ils avaient suivi un plan, conformément au dessein secret qui fait l'objet de ces pages. Ils avaient désormais l'avenir entre leurs mains, et la confiance avec laquelle ils l'acceptaient était clairement exprimée dans un article de *L'Osservatore Romano*, qui dépeignait l'avenir plutôt sombre qui attendait les prêtres qui avaient bravé la colère du Vatican en accomplissant les devoirs pour lesquels ils avaient été formés.

Ils deviendraient, disait l'article, des prêtres sans tête, autonomes, confrontés à une vie aride et sordide. Pas d'avenir protégé, pas de promotion dans la hiérarchie, pas d'espoir de pension à la fin de leur ministère. »

L'un de ceux qui s'étaient montrés les plus zélés dans la promotion des changements chantait leurs louanges en ces termes : « C'est une liturgie de la messe différente. Nous voulons le dire clairement. Le rite romain tel que nous le connaissions n'existe plus. Il a disparu. Certains murs de la structure sont tombés, d'autres ont été modifiés. Nous pouvons désormais le considérer comme une ruine ou comme les fondations particulières d'un nouveau bâtiment. Nous ne devons pas pleurer sur les ruines ni rêver d'une reconstruction historique. Ouvrons de nouvelles voies, sinon nous serons condamnés comme Jésus a condamné les pharisiens. »[18]

Le pape Paul a été tout aussi radical en approuvant les conclusions de la commission liturgique du Concile Vatican II :

---

[18] Père Joseph Gelineau. *La liturgie aujourd'hui et demain.* (Darton, Longman et Todd, 1978.)

« L'ancien rite de la messe est en fait l'expression d'une ecclésiologie déformée. »

En lisant cela, certains se sont peut-être souvenus de l'ancien serment du couronnement, qui disait :[19]

Je promets de ne rien changer à la tradition reçue, ni à rien de ce que j'ai trouvé devant moi, gardé par mes prédécesseurs qui ont plu à Dieu, de ne rien y ajouter, ni de le modifier, ni de permettre aucune innovation.

Au contraire, avec une affection ardente, je m'engage à sauvegarder avec révérence le bien transmis, de toutes mes forces et avec le plus grand effort. Je m'engage à purifier tout ce qui est en contradiction avec l'ordre canonique et qui pourrait apparaître.

« Je garderai tous les canons et décrets de nos papes comme des ordonnances divines du ciel, car j'ai conscience de Toi, dont je prends la place par la grâce de Dieu.

« Si je devais entreprendre d'agir dans un sens contraire, ou permettre que cela soit exécuté, Tu ne seras pas miséricordieux envers moi au jour redoutable de la justice divine.

« En conséquence, sans exception, nous soumettons à la plus sévère excommunication quiconque, que ce soit moi-même ou un autre, qui oserait entreprendre quoi que ce soit de nouveau en contradiction avec cette tradition évangélique établie et la pureté de la foi orthodoxe et de la religion chrétienne, ou qui chercherait à changer quoi que ce soit par ses efforts contraires, ou qui se joindrait à ceux qui entreprennent une telle entreprise blasphématoire. »

Je ne sais pas quand ce serment a été prêté lors d'un couronnement. Mais ses principes, jusqu'à l'ère Roncalli, étaient

---

[19] Traduit par le Dr Werner Henzellek de *Vatican II, Conseil de réforme ou constitution d'une nouvelle Église ? Par* Anton Holzer.

tacitement acceptés et approuvés comme faisant partie intégrante de l'observance papale.

Par exemple, l'un des plus grands et des plus doués des papes, Pie II (1458-1464), dans sa bulle *Execrabilis,* a répété une loi qui a été approuvée au cours des siècles et acceptée, sans modification, par ce qui a toujours été appelé le magistère e de l'Église : « Tout concile appelé à apporter des changements radicaux dans l'Église est d'avance déclaré nul et non avenu. »

Mais Paul VI, l'ami des communistes, qui a collaboré avec l'anarchiste Alinsky et avec le gangster mafieux Sindona, a publié sa propre déclaration de politique générale dans *L'Osservatore Romano,* le 22 avril 1971, édition anglaise :

« Nous, les modernes, les hommes de notre temps, nous voulons que tout soit nouveau. Nos aînés, les traditionalistes, les conservateurs, mesuraient la valeur des choses à leur durée.

Nous, au contraire, sommes des actualistes, nous voulons que tout soit toujours nouveau, exprimé sous une forme inhabituelle, continuellement improvisée et dynamique.

C'est ce genre de délire (qui rappelle le sarcasme de « Peter Simple » dans *le Daily Telegraph)* qui a conduit à l'introduction d'aliments tels que le rôti de bœuf, les gelées et les hot-dogs, arrosés de coca-cola, dans le Saint Sacrifice de la Messe, et à voir des religieuses claquer des talons et se tordre le corps, dans une sorte de *carmagnole,* pour marquer l'Offertoire.

« L'Antéchrist, disait Hilaire Belloc en 1929, sera un homme. »

Mais la justification la plus ridicule de ce changement a peut-être été avancée par l'un de nos évêques les plus « progressistes », qui a déclaré à l'auteur de ces lignes : « La nouvelle messe a démarré en fanfare hier. Les guitares résonnaient dans tout mon diocèse. »

3.

Les changements doctrinaux et liturgiques dans l'Église n'ont pas tardé à produire les effets que les conservateurs avaient prédits ; et bien que beaucoup d'entre eux aient été surprenants, ils restent encore largement méconnus, même des personnes qui vivent dans les pays où ils se sont produits.

On considérait autrefois comme un outrage des plus extrêmes le fait que, pendant la Révolution française, une prostituée ait été hissée sur l'autel de Notre-Dame où elle a été couronnée et adorée comme la déesse de la Raison, ou que la cathédrale de Chartres ait été sur le point d'être transformée en temple de la Raison.

Mais ces événements semblent insignifiants comparés aux profanations et aux obscénités qui ont eu lieu, souvent avec l'approbation des prélats, dans certaines des églises catholiques les plus vénérées des deux côtés de l'Atlantique.

Il y eut un abandon marqué des rituels établis lorsque des choses telles qu'un souper communautaire remplacèrent la messe solennelle ; lorsque le prêtre, armé d'un couteau à pain, se voyait placer devant lui une grande miche qu'il coupait en morceaux, aidant les autres puis se servant lui-même, jusqu'à ce que le mastication générale des mâchoires montre leur appréciation du Corps du Christ. Ces soupers, servis dans la maison d'un paroissien, devinrent un élément régulier de la vie familiale néerlandaise. Parfois, la « maîtresse de maison », à la place du prêtre, officiait à la messe qui était célébrée dans sa « meilleure pièce ».

Il n'était pas rare que la fonction traditionnelle de prêtre soit assumée par une femme, qui se promenait parmi les fidèles pour distribuer le sacrement à tous ceux qui se tenaient la bouche grande ouverte, exhibant leur langue et leurs dents d'un air écœurant. Parfois, il était placé dans la main moite d'un enfant, ou d' e entre les doigts tremblants et la paume d'un vieillard qui le laissait aussitôt tomber par terre, où il pouvait être piétiné ; ou encore, il pouvait être administré par les fidèles eux-mêmes.

Une petite fille est sortie de la messe, dans l'un des quartiers les plus « avancés » de Hollande, en disant qu'elle avait appris là-bas plus qu'elle n'avait jamais appris en voyant son frère dans son bain. Car l'enfant de chœur, qui en Angleterre aurait pu passer pour un élève de quatrième, était nu.

Le pape Paul, déterminé à ne pas se laisser distancer dans la course au progrès, a signé un édit spécial autorisant toute personne désireuse de s'abreuver du sang du Christ à le sucer à l'aide d'une paille. C'est ainsi que certaines églises ont fini par ressembler à des cafés, surtout lorsque la musique assourdissante d'une discothèque retentissait dans le sanctuaire, accompagnée des cris, des accords de guitare et des battements de pieds qui accompagnent la célébration d'une messe jazz, d'une messe beat et d'une messe « yeah-yeah ». Il y avait des messes pour adolescents où, au lieu du pain et du vin sacramentels, on servait des hot-dogs, des petits pains et du coca-cola. Dans d'autres, le whisky et les crackers ont remplacé les éléments sacrés. Certains prêtres trouvaient que le port de l'aube était gênant pour dire la messe et ont donc opté pour la chemise.

Cette nouvelle liberté offrait aux extrémistes politiques l'occasion de faire connaître leurs principes, généralement de gauche. L'un des plus importants séminaires du Canada a été vendu aux communistes chinois, qui ont arraché le tabernacle et l'ont remplacé par un portrait du meurtrier Mao Tsé-Toung. Il est ensuite devenu un centre de formation pour les combattants révolutionnaires de rue.

En septembre 1971, l'école catholique de Val d'Or, en Abitibi (Québec), a lancé un nouveau jeu pour les garçons. Il consistait à cracher sur la figure du Christ en croix, et celui qui couvrait le visage avec le plus de crachats était déclaré vainqueur. Ce fait a été rapporté dans le journal canadien-français *Vers Demain* en septembre 1971.

Dans une province d'Amérique du Sud où les troubles ne cessaient de s'intensifier, un évêque local, Casaldaliga, prit le parti des insurgés d'inspiration russe. Il adopta la tenue rudimentaire d'un guérillero, avec une cartouchière, et partit en, prêchant et célébrant la messe sous le nom qu'il s'était donné, Mgr Marteau et Faucille.

Mais une scène vraiment sinistre s'est déroulée dans la basilique Sainte-Marie de Guadalupe, à Mexico, où une chèvre a été sacrifiée devant le maître-autel. Ce n'est pas seulement le fait qu'un animal ait été tué, et dans une église, qui suscite des commentaires. Cela ne semble avoir suscité aucune réaction de la part des personnes présentes, qui ont regardé bouche bée, stupéfaites, avant de s'éloigner, concluant sans doute que tout cela faisait partie du nouvel ordre au sein de l'Église. Et c'était bien le cas. Mais l'archevêque Gomez, responsable de la basilique, en savait plus, tout comme l'étrange foule à qui il l'avait louée pour l'occasion.

La chèvre, que l'on dit créée par le diable, figure dans la tradition satanique de ceux dont le dessein secret a toujours été la chute de l'Église. L'événement auquel il est fait référence ressemble en partie à un ancien rituel préchrétien, où une chèvre était sacrifiée sur un autel pendant le Jour des Expiations. Les péchés du grand prêtre et du peuple étaient transférés à un deuxième animal de la même espèce, qui devenait alors le bouc émissaire et était conduit dans le désert ; ou, dans la démonologie, il était précipité d'une falaise dans les flammes de l'enfer, où il était gardé par Azazel, un ange déchu.

Il ne s'agissait donc pas d'une messe ordinaire, mais d'une messe noire célébrée à Mexico, avec l'utilisation d'une croix inversée, un événement qui a été filmé et enregistré par ceux qui l'avaient organisé.

Mais ces événements n'étaient qu'un début, tout comme le tollé croissant, soutenu par des prêtres, en faveur de l'avortement e et de la reconnaissance des aberrations sexuelles comme parfaitement normales. Certains prêtres clamaient presque sur tous les toits qu'ils étaient heureux d'être homosexuels, car c'était un privilège qui conférait l'épanouissement psychologique de la personnalité. Dans certaines régions, il est devenu acceptable que des pervers du même sexe se marient à l'église.

À Paris, un homme et une femme, entièrement nus, ont paradé devant un autel, où ils ont été mariés par un prêtre qui leur a transmis ce qu'on a appelé la « sublime bénédiction nuptiale ». La Hollande avancée, pour ne pas être en reste, réagit par l', qui annonça qu'un couple d'homosexuels avait échangé des vœux et des gages d'amour lors d'un mariage à l'église ; tandis qu'un prêtre américain, qui s'accrochait encore malgré le fait qu'il ait été cité dans une affaire de divorce, se frappait joyeusement la poitrine et affirmait qu'il était lui aussi un pervers moral émancipé, ce qu'il confirma ensuite en unissant deux lesbiennes par les liens du mariage.

Ce fut une période fructueuse pour les excentriques et les opportunistes de toutes sortes. Une ancienne religieuse, Rita Mary, a rejoint une communauté laïque américaine dont les membres étaient engagés dans le nouvel esprit qui émergeait dans la vie religieuse. Un souffle de cet esprit de nouveauté lui a soudain révélé que « Dieu le Père est une femme ». D'autres partisans de la cause de la libération des femmes ont adopté le même slogan et, dans le cadre de leur campagne, des voitures ornées d'autocollants exhortant les gens à « Prier Dieu, elle pourvoira » sont apparues dans les rues.

Les commerçants ont rapidement saisi cette opportunité comme un bon coup marketing, et les véhicules de Rita Mary ont rapidement été rejoints par d'autres proposant un conseil plus concret : « Avec Jésus à vos côtés, vous pouvez devenir un homme d'affaires plus prospère. »

Toujours aux États-Unis, en juillet 1976, un rassemblement à Stubenville, dans l'Ohio, a vu un millier de prêtres approuver un projet novateur visant à « décléricaliser le ministère », ce qui signifiait en fait se mettre au chômage. On leur a conseillé de se préparer à l'effondrement de l'ordre social ; puis, après les prières, certains ont découvert qu'ils avaient reçu le don de guérison. Une imposition générale des mains s'ensuivit, et l'assemblée hétéroclite, au milieu des cris, se mit à s'embrasser et à s'étreindre.

Comme nous le verrons, ces explosions d'affection spontanée devinrent rapidement une caractéristique de la nouvelle messe, tout comme une obsession croissante pour le sexe. L'exploration du toucher, en référence au corps, devint une nouvelle forme de culte.

Lors d'une réunion à Philadelphie, en présence du cardinal Wright et de huit de ses évêques, le principal orateur, le père Gallagher, a déclaré à son auditoire que « le toucher est essentiel ». On peut supposer que de nombreux instincts refoulés ont trouvé un soulagement longtemps réclamé dans les mots qui ont suivi : « Ne tenez pas les mains de vos s de manière asexuée ». Les neuf prélats ont adressé des sourires et des bénédictions à l'amour qui suivait, comme on appelait désormais ces manifestations d'émotion.

Une variante sur le même thème a été entendue lors du Congrès pastoral national de Liverpool en 1980, où une déclaration a été adoptée qui, à la grande surprise d'un public anglais représentatif, déifiait l'acte conjugal le plus évident : « Lors des rapports sexuels, un homme et sa femme créent le Christ », une déclaration qui ressemble étrangement aux paroles d'Aleister Crowley, selon lesquelles « les organes sexuels sont l'image de Dieu ».

La dernière incursion dans le domaine des absurdités ecclésiastiques (janvier 1982) a été faite par Mgr Leo McCartie, évêque auxiliaire catholique de Birmingham. Il a demandé que les rastafariens, ces jeunes Noirs pour la plupart qui portent des bonnets en laine et se tressent les cheveux, puissent utiliser les locaux de l'église. Ils vénèrent l'empereur Haile Selassie d'Éthiopie comme le vrai dieu, croient que le Christ était noir et fument du cannabis dans le cadre de leurs rituels religieux.

L'évêque admet que l'Église ne peut tolérer la consommation de cannabis dans ses locaux, *mais uniquement parce que c'est contraire à* la loi (c'est moi qui souligne). Cependant, poursuit-il, le rastafarisme est une expérience religieuse valable, et ses adeptes utilisent le cannabis comme un sacrement, « comparable au calice ou à la coupe de communion dans le culte chrétien ». Voilà qui est clair.

Prenons quelques autres exemples de ce que la tendance moderniste a accompli en Amérique, sans susciter, rappelons-le, plus que quelques protestations isolées ici et là de la part de la hiérarchie. De plus, tout cela a été approuvé par le pape Paul, comme l'a montré la présence de son représentant officiel qui a transmis les salutations du pape à ceux qui s'étaient déguisés, se sont déchaînés et se sont comportés comme des idiots irréligieux pour manifester leur nouvelle liberté.

Depuis deux ans, le 28 juin, la cathédrale Saint-Patrick de New York est le point d', de ce que les autorités ecclésiastiques et laïques appellent une « Gay Parade ».

En 1981, une foule estimée à 50 000 personnes a défilé sur la Cinquième Avenue, menée par un personnage au visage blanchi, vêtu d'une robe à froufrous jusqu'aux chevilles et d'un bonnet, qui tournait en rond sur la chaussée et le trottoir devant la cathédrale, chaussé de patins à roulettes. Au moins un des spectateurs a reconnu ce personnage comme étant un courtier réputé de Wall Street.

Une personne acclamée comme le Grand Marshal de la parade est alors sortie d'une limousine noire, a fait le clown sur les marches, puis, tenant délicatement un bouquet de pensées, a fait mine d'entrer par la porte principale. À ce moment-là, M. McCauley, un avocat new-yorkais, déjà écœuré par ce qu'il avait vu, s'empara des fleurs et les jeta au visage de ceux qui se pressaient autour du Grand Marshal. Une bagarre éclata et la police emmena le contestataire.

Il fallut deux heures au défilé pour passer un certain point et se rassembler autour de la cathédrale. Certains étaient habillés en prêtres, d'autres en nonnes ; certains portaient des vêtements en cuir noir et des chaînes. Il y avait un groupe appelé Dignity et un autre connu sous le nom de North American Man-Boy Love Association.

Ils portaient une grande pancarte annonçant que « l'amour entre hommes et garçons est beau », les membres les plus âgés marchant bras dessus bras dessous avec des garçons dont l'âge moyen était d'environ treize ans et dont certains portaient des maillots de bain.

Les socialistes gays portaient une bannière rouge et criaient leur haine de Dieu et de l'Église tout en défilant. Mais leur frénésie était surpassée par celle des athées militants gays, qui hurlaient à l'unisson : « À bas l'Église ! Mort à l'Église ! » Un autre cri, « À bas l'État ! », montrait que la véritable force motrice derrière la manifestation se faisait entendre.

Il y eut ensuite un intermède pendant lequel un homme vêtu d'une robe de nonne et traînant une croix à l'envers exécuta une danse accompagnée de gestes obscènes pendant une bonne demi-heure. Puis un groupe s'avança et fit mine d'allumer une bougie à la porte de la cathédrale. M. McCauley était alors revenu. Il renouvela sa protestation, demanda à la police de mettre fin à ces exhibitions scandaleuses et fut aussitôt arrêté.

Les homosexuels ont ensuite déployé une grande banderole sur les barricades qu'ils avaient érigées devant les marches de la cathédrale. Un capitaine des pompiers de la ville s'est alors avancé et a demandé à un policier d'intervenir. Le policier lui a tourné le dos, et le chef des pompiers a saisi la banderole, l'a enroulée et l'a jetée par terre.

La foule en colère se précipita sur lui. Il fut plaqué au sol, sa veste lui fut arrachée, il fut roué de coups, ses doigts furent saisis et tordus pour tenter de les briser, ses jambes furent écartées de force et des mains se tendirent vers son entrejambe. Lorsqu'il put parler, il dit au policier qu'il souhaitait porter plainte contre ceux qui l'avaient agressé. Le policier ricana. « Revenez demain à la même heure et voyez si vous pouvez les reconnaître. » Lorsque le chef des pompiers a insisté, le policier a saisi son revolver si fermement et de manière si menaçante que ses jointures sont devenues blanches.

Seules deux personnes ont été arrêtées, M. McCauley et le chef des pompiers, tous deux pour trouble à l'ordre public.

Ils ont appris plus tard que les accusations portées contre eux avaient été montées de toutes pièces. Un policier a déclaré : « Dites que vous l'avez vu agresser quelqu'un. » Un autre a ajouté : « Ajoutez qu'il a franchi le cordon de police. »

Pendant ce temps, le défilé se poursuivait, la façade de la cathédrale étant ornée de pancartes et de banderoles provocantes, l'une d'elles annonçant que « Jésus était homosexuel ». Des vers burlesques étaient scandés. « Deux, quatre, six, huit. Savez-vous si vos enfants sont hétéros ? » Finalement, un drapeau a été accroché à la porte de la cathédrale. Il était conçu comme le drapeau américain, à l'exception des étoiles, qui avaient été remplacées par des symboles sexuels et des représentations du pénis.

Les manifestants, suivis d'une foule importante, se sont rendus à Central Park, où ils se sont livrés à une exhibition publique de actes sexuels. Les personnes effrayées qui s'étaient rendues à la cathédrale en quête de réconfort ou de tranquillité se sont regroupées tout l'après-midi dans les chapelles latérales et les coins. Interrogés à ce sujet, les membres de la Curie diocésaine ont déclaré qu'il n'y avait rien à redire.

En Virginie, un prêtre a conduit une Volkswagen dans l'allée centrale de son église pour marquer l'entrée du Christ à Jérusalem. Plus tard, il a fait placer un chariot élévateur dans le cimetière et est monté dans la nacelle, où il s'est tenu debout en agitant les bras pendant que le chariot était soulevé pour commémorer le jour de l'Ascension. À Boston, dans le Massachusetts, des prêtres déguisés en clowns, avec des cœurs rouges décorant leur front, se bousculaient dans une église pour attraper des ballons. Un prêtre vêtu d'un maillot de corps et d'un jean s'ébrouait dans l'église avec une fille dont la chair débordait de son justaucorps.

Dans ce pays, un dimanche soir, la télévision s'est donné beaucoup de mal pour montrer un évêque auxiliaire remontant l'allée centrale d'une de nos cathédrales catholiques. Il était conduit à l'autel par une jeune fille qui dansait et sautillait devant lui comme un jeune cheval. La célébration de la Sainte Messe dans une autre église s'est terminée par le chant « For he's a jolly good fellow » (C'est un bon camarade).[20]

Des incidents similaires se sont produits même dans des pays latins, où les mystères de l'Église font depuis longtemps partie de la conscience nationale, de son sang et de ses os. En 1970, les visiteurs d'une église près de Grenoble, dans le département de l'Isère, ont été surpris de voir que les ornements et les chandeliers étaient retirés de l'autel et que l'espace devant celui-ci était dégagé. Puis des cordes ont été mises en place pour former une représentation sommaire d'un ring où, selon les affiches, un combat de boxe international devait avoir lieu.

À l'heure prévue, une foule loin d'être habituelle, composée principalement d'hommes, se pressait, trébuchait ou se frayait un chemin avec arrogance dans l'édifice où certains d'entre eux avaient été baptisés et d'autres mariés. À mesure qu'ils se sentaient plus à l'aise, les pronostics fusaient et les paris se faisaient, mais les détails du combat n'ont jamais été consignés.

Que le combat ait été remporté aux points ou par KO, qui a officié en tant qu'arbitre ou chronométreur, qui a passé les éponges, combien les fonds de l'église ont profité de la bourse ou des recettes, aucune de ces informations n'apparaît dans le registre paroissial. Pas plus qu'une protestation de l'évêque.

Un vendredi, au début du mois de décembre 1974, la cathédrale de Reims, lieu du couronnement des rois de France, fut envahie par une horde de hippies et de vagabonds pour l'une de leurs sessions nocturnes. L'archevêque et son clergé, qui avaient aimablement mis à disposition le lieu, ont peut-être remarqué avec une pointe d'envie que les jeunes du quartier, prématurément vieillis, affluaient en nombre bien supérieur à celui des fidèles présents à la grand-messe le dimanche et les jours de fête.

---

[20] *The Sunday Telegraph*. 21 février 1982.

Le groupe Tangerine Orange assurait la cacophonie, et lorsque l'assemblée hétéroclite se lassa d'agiter les bras et de se dandiner au rythme du vacarme, elle se livra à une orgie de drogues et de fumée de haschisch.

Lorsque cette affaire fut connue, des paroissiens en colère exigèrent que la cathédrale, qui occupe une place particulière dans l'histoire, fasse l'objet d'un service de purification.

Mais leurs protestations ont été balayées par le père Bernard Goreau, qui occupait le poste toujours discutable d'« attaché culturel » de l'archidiocèse. Il a reconnu que les danseurs et les fumeurs avaient été laissés à eux-mêmes pendant des heures dans l'obscurité gothique. « Mais, a-t-il ajouté, cela aurait pu être pire. »

En effet, cela aurait pu être pire. On nous dit qu'ils se sont contentés d'uriner et de copuler sur le sol en pierre... sur lequel les rois de France d'autrefois avaient marché pour se rendre à leur sacre, et où Jeanne d'Arc, tenant son blason, s'était tenue comme un soldat rentrant de la guerre.

En France également, il n'était pas rare qu'un prêtre allume et fume une cigarette pendant la messe.

Même Rome n'était pas à l'abri des parodies sacrilèges qui ont suivi la nouvelle liberté religieuse, l'ouverture des fenêtres de l'Église. L'une d'elles s'est déroulée en 1975 dans la salle de classe d'un couvent romain. Le pape Paul était présent, mais la vedette était Fred Ladenius, un gentleman du Midwest qui était devenu célèbre grâce à ses apparitions à la télévision belge. Il avait en outre été présenté par un e enthousiaste comme « l'esprit né de nouveau, dont le Dieu avait actualisé le Jésus de 1974 en devenant le Dieu de 1975 ».[21]

---

[21] Pour plus de détails sur cet événement et d'autres événements à Rome, voir *From Rome, Urgently* (Stratimari, Rome) de Mary Martinez, un livre vivant auquel je dois beaucoup. Je me suis également inspiré d'un autre témoignage oculaire de Louise Marciana, ancienne sœur du Précieux Sang. C'est dans le couvent de cet ordre que se sont déroulés certains des événements décrits ici.

Fred s'est attelé à sa tâche avec beaucoup de virilité, retirant sa veste et poussant des cris presque incohérents dont il disait ne pas être responsable. Ce qu'ils entendaient, c'étaient certaines des vérités qu'il avait reçues, ce matin-là, de la bouche du Seigneur. Car le Seigneur parlait et prophétisait à travers lui. Fred accompagnait ces révélations en agitant les bras si violemment qu'il se mit à transpirer. Mais il n'était pas du tout épuisé. Il retroussa les manches de sa chemise et, avec une force d', invita tous ceux qui le souhaitaient à venir recevoir le Seigneur « rapidement ».

Fred, bien qu'il transpirait toujours autant, agita frénétiquement les mains au-dessus de la tête de ceux qui avaient accepté l'invitation, accompagnant chaque geste d'un cri « Alléluia ! ». À la fin de ces gestes, le tableau noir de l'école fut déplacé pour faire place à une table sur laquelle étaient posés deux calices, l'un contenant du vin, l'autre des hosties de celles qui sont utilisées pour célébrer la messe.

Puis tout le monde se mit en rang et suivit l'exemple de Fred, qui prit une hostie, la trempa dans le vin avant de la porter à sa bouche. La réunion s'acheva dans un concert de cris « Alléluia ! » de plus en plus forts, auxquels se joignit le pape, et avec d'autres manifestations montrant que l'esprit était bel et bien présent parmi eux.

Fred fut dûment récompensé en étant convoqué par le pape, qui le remercia chaleureusement pour tout le bon travail qu'il accomplissait pour l'Église. Fred resta à Rome, où il occupa pendant un certain temps la fonction de vicaire du secrétaire de presse du Christ.

Dans le calendrier de l'Église, une année sur vingt-cinq est déclarée année sainte. C'est une période de pèlerinages spéciaux, d', où des millions de personnes font pénitence pour marquer leur adhésion à la foi et obtenir ce qu'on appelle le Grand Pardon. Pendant toute cette période, Rome fourmille de visiteurs venus de toutes les parties du monde. Lors de la dernière Année Sainte, en 1975, le pape Paul VI a adressé un message de bienvenue, formulé en termes d'émancipation religieuse, à la nouvelle génération venue en quête d'une aide libératrice et inspiratrice, à la recherche d'une parole nouvelle, d'un idéal nouveau.

Ceux qui ont assisté à la grand-messe à Saint-Pierre le 19 mai, à mi-parcours de l'année sainte, dans l'attente de ces avantages spirituels, n'ont pas été déçus. Ils étaient environ dix mille. Le cardinal Suenens officiait à l'autel principal. Le pape Paul était présent. Cinq cents prêtres étaient alignés autour d'eux. Voici comment un journaliste catholique expérimenté a décrit ce qui s'est passé au moment de recevoir la Sainte Communion : [22]

« Il n'était pas rare de voir ce que l'on prenait d'abord pour des pétales blancs éparpillés parmi les fidèles. Ce n'est que lorsque j'ai pu me frayer un chemin pour m'approcher que j'ai réalisé qu'il s'agissait de poignées d'hosties consacrées que les prêtres du cardinal dispersaient parmi la foule... Elles tombaient sur les épaules des hommes, sur les têtes teintes et découvertes des femmes, et, comme on pouvait s'y attendre, bon nombre d'entre elles tombaient par terre et étaient piétinées par la foule.

Je parlai à une dame qui se tenait près de moi et qui en avalait plusieurs d'un coup. Je lui demandai d'où elle venait et si elle était catholique. Elle me répondit qu'elle venait d'Égypte et qu'elle n'avait en fait aucune conviction religieuse, mais que ses sentiments penchaient en faveur de l'islam.

Des magnétophones étaient brandis au-dessus de l'assemblée, qui était rapidement galvanisée dans un état d'excitation. Soudain, une voix retentit à travers un microphone placé près de l'autel, proclamant que Dieu n'était pas seulement présent, mais qu'il parlait en ce moment même, « », bien qu'avec un fort accent américain nasillard – on se demande si l'omniprésent Fred était de nouveau à l'œuvre ?

Puis le pape Paul prit la parole. Il rassembla des poignées d'hosties, les pressa sur les bouches des gens qui avaient déjà la bouche pleine des espèces consacrées, de sorte qu'ils ne

---

[22] Simon Keegan. *Lettre d'information de l'Association internationale des prêtres*. Publié par le presbytère St. George, Polegate, East Sussex.

pouvaient libérer leurs mains qu'en passant les hosties à d'autres, qui les froissaient ou les jetaient par terre. Le pape, qui commençait à prononcer un discours, a dû élever la voix pour se faire entendre au milieu du tumulte grandissant, auquel il a ajouté un « Alléluia ! » anachronique en levant les bras au ciel.

À ce moment-là, certains dansaient. D'autres s'accroupissaient ou se blottissaient sur le sol parmi les fragments piétinés de ce qui, selon ce qu'on leur avait enseigné, était le corps du Christ. Ils se balançaient au rythme d'un gémissement sourd, expression de l'extase inspirée par l'événement, qui s'amplifiait jusqu'à remplir la basilique.

Toujours la même année, un visiteur de l'église Saint-Ignace, dans la rue qui porte le nom du fondateur des jésuites, à Rome, aurait remarqué qu'un lourd rideau recouvrait le maître-autel. De plus, les sièges avaient été tournés, comme pour indiquer que ceux qui assistaient à l'office ne souhaitaient pas se souvenir de l'urne en lapis-lazuli contenant les reliques de saint Aloysius Gonzaga.

Une batterie de microphones et de haut-parleurs était visible, et l'un d'eux diffusait la voix d'un jésuite irlandais-américain, le père Francis Sullivan, qui annonçait, dans le style approuvé d'un disciple du général Booth, qu'ils s'étaient réunis pour louer le Seigneur. Il a ensuite insisté sur le fait que la religion était en pleine mutation, que tout changeait et qu'il était inutile de se laisser aller à la nostalgie en se remémorant les croyances d'autrefois. Ses déclarations ont été accueillies avec un sourire approbateur par le cardinal Suenens, qui ne manquait jamais de patronner les effusions « excentriques ».

Les Romains s'étaient désormais habitués à voir leur foi supervisée par des oracles venus des États-Unis ; ils écoutèrent donc attentivement lorsqu'une deuxième voix, provenant du même endroit que le pè, exhorta les fidèles à s'aimer les uns les autres. Les fidèles qui remplissaient l'église, ainsi encouragés, commencèrent à utiliser leurs yeux, à échanger des regards et à se glisser à côté de la personne de leur choix. Pensaient-ils, poursuivait la voix, que le don de l'amour était un privilège réservé à l'Église primitive ? Bien sûr que non !

Sur ces mots, des cris d'approbation faillirent faire s'écrouler le toit, et les couples tombèrent dans les bras les uns des autres, s'étalant sur le sol, les bras et les jambes en l'air, les doigts et la bouche laissant libre cours à une passion qui n'était plus retenue par leur environnement, mais qui pouvait désormais s'exprimer dans une liberté semblable à celle des amants dans un fossé. Ceux qui, par leur âge ou leur infirmité, étaient empêchés de prendre part au spectacle, le savouraient d'un regard lubrique, ou dansaient quelques pas, ou chantaient les louanges de l'Hostie dont ils avaient fait leur maison un asile de fous. Alléluia ! Dieu était bon, et tout cela montrait que l'église pouvait désormais être un lieu de joie.

Au plus fort du tumulte, un frère vêtu de la robe brune de saint François d'Assise réussit à se faire entendre. Il était dans un état physique épouvantable, conscient d'une sensation étrange, mystique et maternelle. Il se sentait exactement comme Marie lorsqu'elle avait conçu le Fils. Plein de grâce... encore des applaudissements... et encore Alléluia.

Ce qui restait de saint Louis dans son urne resta silencieux, tout comme saint Ignace qui, en tant que soldat, avait connu le sifflement net d'une épée sortie de son fourreau.

Pour ajouter encore à la surprise, revenons en 1970, lorsqu'un congrès théologique progressiste se tint dans une église franciscaine à Bruxelles. Le sujet principal, en contradiction flagrante avec le programme du congrès tel qu'indiqué dans son titre, était le sexe, et il fut exposé à un public presque exclusivement composé de jeunes.

On s'attendait à juste titre, compte tenu du thème, à la présence du cardinal Suenens ; sans compter qu'en tant que primat de Belgique, il était chez lui.

Le congrès s'est ouvert avec l'entrée des filles, vêtues de blanc, qui se tordaient dans tous les sens en agitant des cordes et des morceaux de chaînes brisées en signe de liberté. Après la danse, on a distribué des morceaux de pain et des verres de vin, puis des raisins et des cigarettes.

Puis, alors que les jeunes participants pensaient que tout était terminé, leurs yeux furent attirés vers l'autel d'où quelque chose commençait à s'élever et à prendre une forme incroyable.[23]

Ce fut d'abord accueilli par des cris étouffés, puis par des rires, et enfin par un véritable tumulte lorsque le plastique transparent qui formait la silhouette se révéla être un pénis gigantesque. Les délégués hurlèrent à s'en casser la voix, sentant que c'était un défi à leur virilité, une remise en cause de celle-ci. C'était le genre de climax que l'on n'aurait jamais pu imaginer et qui ne pouvait figurer que dans les rêves érotiques les plus extravagants. La présence du cardinal conférait un glamour permissif à un décor qu'ils ne considéreraient plus jamais avec respect.

Il convient ici, dans le cadre de notre thèse, d'examiner de plus près la scène qui s'est déroulée dans l'église de Bruxelles, ainsi que le mot « Alléluia », qui n'a jamais été utilisé dans la vie quotidienne *comme* expression de louange dans les Sept Collines. En tant qu'offrande de louange à Jéhovah, il a toujours été couramment utilisé par les revivalistes religieux plutôt que par les Latins. Mais aujourd'hui, nous voyons le pape Paul l'utiliser.

Qu'est-ce qui l'a poussé à le faire ? Et pourquoi le cardinal Suenens, devant un autel, a-t-il présidé une étonnante exhibition de folie charnelle que beaucoup, en particulier les fidèles, auront du mal ou ne pourront croire ?

Il y a une explication. Aucun des deux hommes cités, bien qu'ils portaient la robe, les vêtements et tous les signes extérieurs de la prêtrise catholique, n'était chrétien. Ils étaient passés, par des étapes préparatoires, dans les plus hautes sphères de la connaissance occulte. Ils avaient été formés, engagés et garantis par les maîtres de la sagesse, dans l'un des temples les plus importants où les rites ataviques, tous à connotation sexuelle, remplacent la religion.

---

[23] Rapport du Service d'information belge, cité dans *Il Giornale d'Italia*, 17 septembre 1970.

[24] Lorsque les adolescentes poussaient des cris de joie embarrassée devant le grand pénis en plastique qui se dressait devant elles, le cardinal Suenens savait parfaitement qu'elles commémoraient, comme il le souhaitait, le dieu païen Baal, dont le nom, divisé en ses racines sumériennes, a plusieurs significations. Parmi celles-ci, on trouve seigneur, maître, possesseur ou mari, tandis que d'autres font référence au pénis d'un homme dominant, avec sa force de pénétration et de poussée.

Ce que le cardinal avait donc organisé pour les jeunes, principalement des filles, de Bruxelles, était un spectacle d'adoration phallique, symbolisant le pouvoir génératif contenu dans le sperme, ou jus de vie, qui se déversait sur toute vie et toute nature depuis le puissant pénis de Baal. Un phallus exagéré était également un symbole de Yesed, la sphère de la lune, ainsi que du dieu à cornes Dionysos, ou Bacchus.

Le chant de louange entonné par le pape Paul trouve son origine dans la même source de culte païen, car sa signification, toujours selon sa construction sumérienne, fait référence à l'eau forte de la fécondité, ou au sperme. Au cours des manifestations publiques de relations sexuelles de masse, appelées rites de fertilité, ce sperme, lorsqu'il était éjaculé, était recueilli dans les mains des prêtres officiant, qui le présentaient à Yahweh (Jéhovah) pour approbation, puis le répandaient sur leur corps.

C'est ce que sous-entendait le pape Paul lorsqu'il leva les bras et poussa un « Alléluia ! » sincère.

---

[24] De Sumer, qui faisait partie de la Babylonie.

Dixième partie

> On a toujours tort d'entamer une conversation avec le Diable, car quelle que soit la manière dont il s'y prend, il insiste toujours pour avoir le dernier mot.
>
> André Gide.

On espère que les lecteurs potentiels de ce livre, qui ne connaissent peut-être pas l'histoire catholique, auront désormais compris un fait essentiel : le déclin général de l'Église a été provoqué par le concile connu sous le nom de Vatican II. En outre, ce concile a été convoqué par Jean XXIII qui, comme plusieurs prélats et nombreux ecclésiastiques de rang inférieur sous son aile papale, était membre clandestin de sociétés secrètes et, selon la règle séculaire de l'Église, excommunié et donc interdit d'exercer toute fonction sacerdotale légitime. Les résultats désastreux de cette autorisation, avec l'approbation papale (puisque les deux papes qui ont succédé à Pie XII à l', faisaient partie de la conspiration générale, tandis que les récents Jean-Paul Ier et Jean-Paul II sont suspects), sont évidents pour l'observateur le plus superficiel. Ces résultats sont le fruit du souhait principal de Paul VI concernant la mise en œuvre de Vatican II, tel qu'il l'a exprimé dans son testament et répété à plusieurs reprises par Jean-Paul II : « Que ses prescriptions soient mises en œuvre. »

Ces prescriptions ont été définies il y a des années dans les politiques d'Adam Weishaupt, Little Tiger, Nubius et d'autres (déjà cités) pour que leurs disciples formés infiltrent, puis sapent l'autorité, les pratiques et la vie même de l'Église. Ils ont accompli cette sous le couvert du progrès ou de la libération.

Tous les aspects de l'Église, spirituels et matériels, ont été pris en main, depuis le siège de Pierre, avec sa dignité autrefois royale, jusqu'au tabouret de la paroisse la plus insignifiante. Les quelques prêtres qui l'ont reconnu ont été maintenus à l'écart ou, s'ils ont réussi à se faire entendre, ont été exposés au ridicule ; et en observant la scène, avec ses désordres, ses manifestations de profanation et ses aberrations sexuelles mises en scène dans certains de ses édifices les plus vénérés, y compris Saint-Pierre, on est tenté de penser à une brigade de gardes autrefois très disciplinée transformée en une foule de hooligans hurlants.

On peut passer du truisme selon lequel les petites choses sont des petites choses à une prise de conscience plus globale que les petits commencements ne sont pas des petites choses ; et c'est en travaillant précisément sur ce principe que les dirigeants modernes de l'Église ont atteint leurs fins sans trop alarmer la population dans son ensemble.

Ils ont commencé par assouplir les disciplines et les inhibitions formelles, telles que le vendredi sans viande. Puis certains symboles, rituels et dévotions ont disparu. L'ancienne liturgie en latin a pratiquement disparu. L'habit des religieuses, qui n'avait jamais manqué d'inspirer le respect même chez les plus irréligieux, a été abandonné, tout comme la soutane. Cette dernière fut parfois remplacée par des jeans, comme le démontrèrent deux novices qui, à Rome, montèrent à l'autel pour recevoir la bénédiction de leur père général, ressemblant davantage à des hippies qu'à de futurs jésuites. Une petite croix, portée à la boutonnière d'une veste, devint rapidement le seul signe distinctif du prêtre.

L'ancienne conception de l'autorité sacerdotale, qu'elle soit exercée par un simple clerc ou par le pape, était effectivement détruite ; et des voix étaient toujours prêtes à applaudir chaque fois que l'Église dilapidait tel ou tel élément de son héritage. « Le prêtre n'est plus aujourd'hui un être spécial », s'écriait avec jubilation Yves Marsaudon, membre du Conseil suprême de la franc-maçonnerie française. Un congrès de théologiens moraux, tenu à Padoue, alla encore plus loin : « La conscience individuelle est l'autorité suprême du chrétien au-dessus du magistère papal. »

Il devenait généralement admis qu'un jour, l'Église traditionnelle devait disparaître ou s'adapter. Elle devait devenir une institution parmi tant d'autres, dont l'héritage accumulé depuis deux mille ans serait rejeté comme sans valeur.

Un rapide coup d'œil aux statistiques disponibles pour ces années-là montre un déclin saisissant dans tous les domaines de la vie de l'Église. Les vocations, les baptêmes, les conversions et les mariages religieux ont chuté. La seule augmentation concernait le nombre de ceux qui quittaient l'Église.

Beaucoup préféraient lire la liturgie de la messe chez eux, le dimanche et les jours de fête, plutôt que de voir ses gestes autrefois dignes tournés en dérision et d'entendre le langage historique déprécié à l'église.

En Angleterre, entre 1968 et 1974, on estime que quelque deux millions et demi de personnes se sont détournées de la religion catholique ; si l'on ajoute à cela les ventes de journaux catholiques, dont le plus populaire, *The Universe,* avait un tirage hebdomadaire moyen de près de 312 000 exemplaires en 1963, ce chiffre était tombé à moins de 180 000 neuf ans plus tard.

En France, où 86% de la population est officiellement catholique, 10% se rend à la messe, un chiffre similaire à celui enregistré à Rome entre 1971 et 1976. Au cours de la même période, en Amérique du Sud, autrefois considérée comme l'un des bastions les plus difficiles à conquérir pour les anticléricaux et où la population était généralement considérée comme imprégnée de superstition, environ vingt-cinq mille prêtres ont renoncé à leurs vœux. Des sources vaticanes ont fait état de trois mille démissions par an, sans compter ceux qui ont quitté la prêtrise sans se donner la peine d'obtenir l'approbation de l'Église.

La partie catholique des Pays-Bas, où le nouvel enseignement était primordial, se trouvait dans une situation e véritablement précaire. Pas un seul candidat ne s'est présenté pour entrer dans les ordres en 1970, et en l'espace de douze mois, tous les séminaires ont fermé leurs portes. Aux États-Unis, au cours des sept années qui ont précédé 1974, un séminaire sur quatre a mis la clé sous la porte.

La tendance était à la baisse, car outre la diminution de la fréquentation des églises, de nombreux prêtres et religieuses, dans l'esprit de la nouvelle liberté, décidaient que le mariage offrait une vie plus confortable que la vie au presbytère ou au couvent. « Un prêtre rebelle de cinquante ans épouse une jeune fille de vingt-cinq ans », titrait le Daily *Express* du 9 septembre 1973. Le mariage fut célébré dans une église protestante, où la présence de prêtres et de religieuses, tous prêts à donner leur bénédiction, égaya la cérémonie.

De nombreux prêtres avaient dépassé le stade des allusions et se déclaraient désormais ouvertement en faveur de l'avortement. Quant au sacrement du mariage, alors que de plus en plus de couples se lassaient de voir le même visage au petit-déjeuner, l'Église découvrait qu'elle avait eu tort de les déclarer mari et femme. Les arguments invoqués étaient les plus divers : consanguinité, non-consommation du mariage, baptême non valide de l'un des deux époux... Les annulations se multiplièrent et devinrent une véritable industrie.

En 1972, quelques années après que la pourriture se fut installée, le pape Paul VI régla personnellement quelque quatre mille cas. Encouragés par ce geste, les demandes affluèrent. Très peu de ceux qui recherchaient la « liberté » furent définitivement refusés, mais on leur conseilla de réessayer ou de revenir plus tard. À Trenton, dans le New Jersey, l'évêque Reiss était tellement surchargé de travail qu'il a nommé dix-sept prêtres supplémentaires pour l'aider (je cite ses propres mots) à « renforcer » le nombre d'annulations.

2.

En mars 1981, le Vatican prit une mesure que beaucoup jugèrent superflue, en réitérant son canon 2335, qui stipulait que tout catholique adhérant à une société secrète serait excommunié. Pour l'homme de la rue, qui ignorait que des dizaines de membres du clergé, dont certains occupaient les plus hautes fonctions de l'Église, avaient déjà enfreint cette loi, cela semblait une simple formalité. Mais le Vatican, agissant sur la base d'informations reçues, savait très bien ce qu'il faisait. Il se protégeait à l'avance contre les effets probables d'un scandale qui éclata en mai de la même année.

Le gouvernement du pays, dirigé par les démocrates-chrétiens, était formé d'une coalition qui comprenait des socialistes, des sociaux-démocrates et des républicains. Mais les communistes réclamaient désormais une place dans la coalition, pour des raisons politiques qui ne laissaient aucun doute sur leurs intentions. « Le problème, disaient-ils, est de soustraire les institutions démocratiques, l'appareil d'État et la vie économique à la structure du pouvoir démocrate-chrétien. »

Mais leurs efforts échouèrent. Les démocrates-chrétiens restèrent fermes. Leurs ennemis recoururent alors à une arme qui s'est avérée tout aussi meurtrière dans la guerre politique que l'assassinat. Ils provoquèrent un scandale de grande ampleur qui, espéraient-ils, renverserait l'ordre gouvernemental existant en Italie.

Dans le sillage des répercussions qui ont secoué le début de l'été 1981 à la suite de l'effondrement de l'empire financier de Michele Sindona, il a été donné à croire que les activités d'une société secrète dangereuse et très étendue, connue sous le nom de Propaganda Due (P2), avaient été mises au jour. Mais dans le monde confus de la politique et de la finance, les choses ne sont pas aussi simples. Ceux qui, contraints de le faire, dénoncent le plus bruyamment les machinations, ont invariablement fait partie de la conspiration qui se trame dans les coulisses. Le fait que des fraudes soient portées à l', peut être motivé par une rancune personnelle, un chantage déçu ou les investigations d'un subalterne trop zélé – « pourquoi n'a-t-il pas pu se taire ? ». Et les profiteurs moralisateurs qui, du haut de leur piédestal moral mais avec les poches vides, ne peuvent s'empêcher de rendre publique l'escroquerie, doivent fulminer en privé.

La révélation de l'existence de la P2 a commencé lorsque la police a reçu un appel mystérieux lui conseillant de perquisitionner le domicile de Licio Gelli, un nom prestigieux dans les sociétés secrètes, et d'enquêter sur ses relations avec l'ancien brocanteur Michele Sindona.

La simple mention de Sindona a fait réfléchir les membres de la Curie impliqués à la manière d'éviter d'être pris dans le scandale. D'où leur rappel apparemment inutile au monde entier que le canon 2335 était toujours valable. Entre-temps, la police avait trouvé dans la maison de Gelli une valise contenant les noms de neuf cent trente-cinq membres de la P2.

Il y avait parmi eux de nombreux politiciens de premier plan, dont trois ministres et trois sous-secrétaires d'État, des généraux de l'armée et des chefs de la marine, des banquiers et des industriels de premier plan, des chefs des services secrets, des diplomates, des juges et des magistrats, des fonctionnaires des affaires étrangères, de la défense, de la justice, des finances et du Trésor, des personnalités de la radio et de la télévision, ainsi que le directeur général, le rédacteur en chef et l'éditeur du principal journal italien, *le Corriere Della Sera*.

Beaucoup d'autres ont démissionné, tandis qu'une foule d'autres se sont effondrés, comme autant de Humpty Dumpty, lorsque les listes ont été publiées. D'autres démissions importantes ont suivi, le gouvernement d'Arnaldo Forlani étant balayé dans son intégralité. Les accusateurs et leurs victimes étaient bien sûr tous membres de la même bande. Il s'agissait d'une querelle fratricide avec vengeance. Les accusations et les récriminations habituelles ont suivi, impliquant tous les degrés de criminalité, y compris le meurtre. La falsification de comptes, l'espionnage et le vol de documents officiels ont été considérés comme des délits mineurs.

Malgré tout cela, le Vatican n'a réagi que par quelques légères agitations. Car même si l'Église avait perdu son aura de révérence et que son prestige n'était plus qu'une ombre, elle restait impénétrable. Le fantôme de son passé était toujours puissant. L', avait peut-être pointé des canons chargés contre ses murs, mais aucun artilleur n'était là pour allumer la mèche.

C'est un cynique avisé qui a dit : « En Italie, la religion est un masque. »

3.

Bien qu'aucun ecclésiastique n'ait été nommé dans le scandale, la révélation de l'affaire Sindona a indirectement conduit l'Église à revoir son attitude à l'égard des sociétés secrètes. Selon la doctrine orthodoxe, cette question avait été réglée par le canon 2335, qui interdisait à tout catholique, sous peine d'excommunication, d'adhérer à une telle société. Mais malgré cela, comme de nombreux ecclésiastiques, y compris des membres de la Curie, avaient enfreint cette loi, les négociations entre les deux parties, entamées en 1961, se sont poursuivies pendant onze ans, avec le cardinal Bea, secrétaire d'État du pape (dont le nom était aussi douteux que la nationalité), assisté du cardinal Konig de Vienne et de Mgr J. de Toth, qui présentait une version plus conciliante du point de vue de l'Église.

Ces longues discussions visaient davantage à aplanir les divergences passées qu'à formuler une politique future. Mais elles ont réussi à éviter le sujet des intentions cachées contre l'Église, qui avaient en partie motivé l'interdiction de cette dernière. Puis vinrent d'autres discussions à Augsbourg en mai 1969, où l'on examina les déclarations papales qui condamnaient sans ambages les sociétés ; et l'inquiétude grandit dans les milieux conservateurs lorsque des termes équivoques tels que « replacer les bulles papales dans leur contexte historique » et « réparer les injustices du passé » furent utilisés pour expliquer l'objectif des assemblées.

Le résultat de cette relation nouvellement établie justifiait pleinement les doutes de ceux qui craignaient que l'Église ne cède du terrain et ne revienne sur ses jugements définitifs. Le début d'un processus irréversible devint évident en juillet de la même année, après une réunion au monastère d'Einsiedeln, en Suisse.

Le professeur Schwarzbaver y avait anticipé avec confiance qu'aucune référence au côté obscur des sociétés secrètes ne serait faite. Ce fut le cas. Au lieu de cela, il fut annoncé que les décisions antérieures de Rome sur les relations entre l'Église et les sociétés secrètes ne figuraient pas dans les bulles papales ou les encycliques, mais dans le droit canonique qui, comme le savaient tous les ecclésiastiques « mis à jour », était en cours de révision.

Cela a suscité des doutes plus sérieux dans les milieux orthodoxes. On a rappelé que le droit canonique fait référence à un ensemble de lois, autorisées par l'Église, et « obligatoires pour ceux qui y sont soumis par le baptême ». Cela pouvait-il signifier que des termes tels que « obligatoire », « révision » et « modifications » étaient sur le point d'être soumis à de nouvelles interprétations ? De plus, plus d'une bulle papale contenait certainement une condamnation des sociétés.

Les sociétés (et cela doit être répété) n'avaient pas l'intention de renier leur intention initiale de saper l'Église. Elles n'en avaient pas besoin. Elles avaient jusqu'à présent réussi leur projet. Leurs propres hommes avaient infiltré et pris le contrôle de l'Église à tous les niveaux, à tel point que celle-ci semblait pressée d'abandonner ce qui restait de ses revendications initiales, de ses rites historiques et de sa majesté. Les sociétés attendaient désormais que leurs hommes choisis, cardinaux et autres, se présentent devant le monde, chapeau bas, pour clamer haut et fort leurs erreurs de jugement passées.

Une initiative concrète en ce sens est venue du centre autrefois très orthodoxe de l'Espagne, où le père Ferrer Benimeli a avancé l'argument extraordinaire selon lequel les bulles papales condamnant les sociétés ne pouvaient plus être considérées comme valables.

Lors d'une réunion entre des représentants de l'Église et des représentants laïques au château de Lichtenau en 1970, le cardinal Konig s'engagea à ce que les restrictions imposées par le droit canonique aux sociétés secrètes dans le passé ne soient plus invoquées. Puis vint la déclaration selon laquelle le droit canonique et les bulles papales avaient été tout à fait valables aux

XIIe et XIIIe siècles, mais que ces documents avaient désormais une signification principalement historique et que leur importance ne pouvait être mise en œuvre par une Église qui prêchait la doctrine plus importante de « l'amour fraternel » qui, avec l'amitié et la moralité, « constituait l'un des principes les plus excellents des sociétés ».

Les détracteurs de cette tactique de « rapprochement » y voyaient une concession à l'esprit fraternel inspiré par les sociétés, ainsi qu'une approbation tacite du culte de l'homme prôné par le pape Paul aux États-Unis, et dans lequel il avait été confirmé par les Maîtres de la Sagesse.

Le résultat général de ces contacts, du côté de l'Église, fut soumis à l'examen de la Congrégation pour la Doctrine de la Foi ; et l'issue était d'avance décidée par les remarques et les réserves qui l'accompagnaient. Il était inutile de se référer à ce que l'Église avait décidé autrefois. La comparaison montrait que son attitude passée était dépassée et appartenait à une époque où elle enseignait qu'il n'y avait « pas de salut hors de l'Église ».

Ce slogan était lui aussi dépassé, et la presse mondiale, y compris la plupart des organes catholiques, se mit à nouveau au travail avec acharnement, comme elle l'avait toujours fait lorsqu'il s'agissait de propager des opinions qui sapaient la tradition et renforçaient les desseins des membres de sociétés secrètes qui portaient la mitre au Vatican.

Le Saint-Office continuant à se plier en quatre pour confirmer les changements, le processus de sécularisation s'accéléra à partir de l'automne 1974. Il fut clairement établi que l'interdiction des sociétés secrètes était devenue lettre morte et que son abrogation soulageait « un certain nombre de bonnes personnes qui y avaient adhéré uniquement pour des raisons professionnelles ou sociales ». Elles ne représentaient plus un danger pour l'Église.

La consternation que cela a suscitée dans certains milieux a été résumée par le père Pedro Arrupe, général de la Compagnie de Jésus (Jésuites), qui y voyait une concession au « naturalisme » organisé qui, selon lui, avait pénétré le territoire même de Dieu et influençait l'esprit des prêtres et des religieux. Le naturalisme, en affirmant dogmatiquement que la nature humaine et la raison humaine seules doivent être suprêmes en toutes choses, était un autre écho du culte de l'homme.

Le changement d'attitude de l'Église envers les sociétés secrètes s'est reflété dans ce pays à travers John Cannel Heenan, nommé archevêque de Westminster en 1963 et créé cardinal deux ans plus tard. Conformément à son espoir que l'interdiction des sociétés par l'Église serait bientôt levée, certains de ses hauts dignitaires ecclésiastiques ont été autorisés à négocier avec elles. Le cardinal fut alors informé qu'une publication reprenant les divergences entre les deux parties était en vente dans les librairies catholiques de son diocèse.

Il a exprimé son inquiétude : « Si, comme je le soupçonne, elle est trompeuse, je veillerai à ce qu'elle soit retirée. »

Il le fit, et cette publication, ainsi que toutes celles de même nature, disparurent.

Une personne intéressée qui écrivit au cardinal à ce sujet reçut en réponse l'assurance que le cardinal lui transmettait sa bénédiction. La même personne, en se rendant à la librairie de la Catholic Truth Society, près de la cathédrale de Westminster, apprit qu'il n'y avait eu aucune relation avec le cardinal et que les brochures avaient été retirées « faute d'intérêt du public ».

La conviction croissante que le canon 2335 n'apparaîtrait dans aucune édition révisée du droit canonique, ainsi que le fait que les éléments orthodoxes étaient mis en échec, comme ils l'avaient été lors du concile Vatican II, ont conduit l'Église et les sociétés à exprimer une relation plus ouverte.

Il y eut, par exemple, un « petit-déjeuner de dédicace » à l'hôtel Hilton de New York en mars 1976, présidé par le cardinal Terence Cooke, secondé par le cardinal Kroll, de Philadelphie, et auquel assistèrent quelque trois mille membres de sociétés secrètes. Le cardinal Brandao Vilela, de San Salvador de Behia, représentait le Brésil.

Dans son discours, le cardinal Cooke a qualifié cet « événement joyeux » de nouvelle étape sur la « voie de l', vers l'amitié ». Il a regretté les « divisions passées » et a exprimé l'espoir que sa présence à cette occasion signifierait que la nouvelle entente entre les deux parties ne serait plus jamais compromise. Pour les cardinaux et les maîtres, il ne s'agissait pas tant d'un petit-déjeuner somptueux que d'une union historique, réalisée par des adversaires qui ne s'étaient jamais rencontrés (ouvertement) auparavant.

Le cardinal Kroll, en tant que président de la Conférence des évêques des États-Unis, avait auparavant été approché par le cardinal Seper, préfet de la Congrégation pour la doctrine de la foi, qui avait exprimé les craintes de ceux qui regrettaient les signes de changements vitaux dans l'Église. Seper avait été informé qu'aucune modification n'avait été apportée et qu'aucune n'était prévue dans le domaine de la législation centrale.

Il est toujours, et dans tous les cas, a déclaré Kroll dans une déclaration qui fait sourciller rien qu'à la lecture, « interdit aux clercs, aux religieux et aux membres d'instituts séculiers d'appartenir à une organisation secrète... Ceux qui s'inscrivent dans des associations du même genre qui complotent contre l'Église ou les autorités civiles légitimes encourent, de ce fait même, l'excommunication, dont l'absolution est réservée au Saint-Siège. »

Il est vrai qu'aucun complot actif contre l'Église n'était alors en cours. Les sociétés pouvaient bien se permettre de se reposer et de reprendre leur souffle, non pas parce qu'elles avaient changé d'avis, mais parce que la première étape du complot avait été menée à bien. Deux des membres choisis par les sociétés, en la personne de Jean XXIII et de Paul VI, occupaient le siège de Pierre. D'autres de leur espèce, qui avaient reçu la barrette rouge ou la mitre épiscopale, dominaient leurs conseils. La prochaine étape du complot contre l'Église était réservée pour l'avenir, lorsque les innovations doctrinales et pratiques auraient été acceptées par une génération qui n'avait jamais connu ce que c'était que de répondre aux directives de papes tels que Pie XII, aujourd'hui déprécié.

L'arrière-garde, comme on pourrait appeler les anti-libéraux, a tiré tout le profit possible en se référant au canon 2335 et au scandale Sindona pour illustrer les désastres généralisés causés par le contact avec une société secrète. Dans le cadre de cette campagne, une conférence épiscopale allemande s'est tenue au milieu de l'année 1981, où il a été souligné, sans aucune réserve, que « l'appartenance simultanée à l'Église catholique et à une société secrète est impossible ».[25]

Cette déclaration a été suivie par l'adoption par le gouvernement italien d'un projet de loi visant à interdire et à dissoudre toutes les sociétés secrètes, et rappelant aux catholiques que l'excommunication restait la peine infligée par l'Église à ceux qui y adhéraient.

Mais les déclarations allemandes et italiennes n'étaient que des écrans de fumée ; et personne ne s'en rendait mieux compte que les sociétés elles-mêmes, qui n'étaient pas le moins du monde impressionnées. Que le canon 2335, s'il figurait dans une édition révisée du droit canonique, serait dépouillé de son caractère d'urgence, était passé du stade de rumeur et de potins de journaux à celui de fait imminent. Un prélat anglais, le cardinal Heenan, avait dit plus que cela et avait même anticipé son abolition. Tandis qu'un haut responsable des sociétés à Rome, imperturbable, affirmait tenir de source sûre que le droit canonique était en cours de révision, ce qui était effectivement le cas, par une commission de cardinaux créée par Jean XXIII et poursuivie sous Paul VI.

Le responsable ajouta que les divergences encore apparentes entre l'Église et les sociétés faisaient toutes partie du conflit qui opposait au Vatican les traditionalistes et les progressistes. « Cela pouvait bien être vrai » —, et il pouvait bien se permettre de minimiser leur dernière attaque contre nous. »

Cette déclaration, comme toutes celles émanant du même milieu, s'est avérée correcte.

---

[25] Le texte intégral est publié dans *Amtsblatt des Ezzbistums*, Cologne, numéro de juin 1981.

En effet, il faut désormais accepter, selon une déclaration du Saint-Siège, que « la Congrégation pour la Doctrine de la Foi a décidé que le canon 2335 n'empêche plus automatiquement un catholique d'être membre d'un groupe maçonnique ».

4.

C'était probablement le souhait du pape Paul lui-même, en dépit d'une coutume qui faisait partie de la seconde nature des chrétiens, et en particulier des catholiques, qu'après sa mort en 1978, il n'y ait pas eu de crucifix pontifical, ni même le symbole religieux le plus courant, une croix, sur le catafalque où son corps avait été déposé pour être vénéré sur la place Saint-Pierre.

Était-ce une reconnaissance tacite que son œuvre, conformément au conseil secret qui lui avait été donné depuis qu'il était devenu archevêque de Milan, avait été bien et véritablement accomplie ?

Onzième partie

Ô VILLAIN ! Tu m'as volé ma fonction et mon nom.

Shakespeare.

Pour ceux qui ne connaissent pas le pouvoir et l'étendue des sociétés secrètes, la personnalité du pape Paul VI est une véritable énigme. Aucun autre pape, même dans les périodes les plus tumultueuses, n'a fait l'objet de rapports aussi contradictoires ; aucun autre pape n'a été aussi manifestement contradictoire.

Même une lecture superficielle de son règne laisse une impression de doute, d'équivoque et d'une sorte de frilosité pathétique qui est très éloignée des pontificats affirmés du passé.

Comment expliquer qu'un pape se lamente, comme Paul l'a fait, qu'on ne puisse plus faire confiance à l'Église ? Il a signé les documents qui ont maintenu Vatican II sur sa lancée et a promis, presque dès les premières heures de son règne, de consolider et de mettre en œuvre ses décisions. Pourtant, il a changé de discours avant même la fin de la dernière session. On aurait pu croire que le concile allait apporter des jours meilleurs à l'histoire de l'Église. Au contraire, ce sont des jours de tempête, de nuages et de brouillard. Comment en est-on arrivé là ? »

Et la réponse qu'il a donnée : « Nous pensons qu'il y a eu l'influence d'une puissance hostile. Son nom est le Diable » - on serait tenté de se demander s'il s'agissait d'une forme de confession, d'une auto-accusation.

Exprimait-il simplement ce qu'il savait être devenu une réalité, ou parlait-il en tant que victime, homme désabusé, sous l'emprise de forces qui le dépassaient ?

Comparez ses jugements avec ceux de presque tous ses prédécesseurs, un Pie V, un Léon XIII, et le contraste semble, comme je l'ai déjà dit, assez pitoyable. Pour ne citer que deux exemples. En septembre 1972, il s'est sévèrement opposé à la suggestion que les femmes puissent jouer un rôle dans le ministère sacerdotal. Un tel écart par rapport à la coutume était impensable. Mais sa voix n'était pas décisive, car trois semaines plus tard, le Vatican publiait un communiqué à l'intention des journalistes annonçant que le pape pourrait changer d'avis. La contradiction finale survint le 29 mars 1973, lorsque l'Associated Press rapportait : « Le pape Paul a décidé aujourd'hui que les femmes, qu'elles soient religieuses ou non, peuvent distribuer la communion dans les églises catholiques romaines. »

En mai 1969, le pape avait déjà condamné une nouvelle pratique qui s'était insinuée, consistant à recevoir la communion dans la main. Mais il revint plus tard sur cette interdiction, avec la réserve insignifiante que le pain de la communion pouvait être reçu ainsi après une instruction appropriée. »

Sa faiblesse, sa soumission à l'innovation dans le rituel et la pratique, ainsi que son acceptation du marxisme révolutionnaire et les nombreuses rumeurs étranges qui émanaient de temps à autre du Vatican, ont amené de nombreuses personnes dans plusieurs régions du monde à se demander si elles n'étaient pas en train d'assister à la chute de Rome.

On disait que la correspondance du pape, avant de lui parvenir, passait entre les mains de Casaroli, Villot et Benelli, les cardinaux qui contrôlaient de facto le Vatican. Les hommes d'État et les ecclésiastiques en visite officielle trouvaient le pape Paul timide, presque vague, plus enclin à faire des commentaires et à donner des opinions qu'à apporter des réponses définitives. Il manquait de clarté ; et tandis que l'étonnement cédait la place à un sentiment d'inquiétude, diverses théories émergèrent pour expliquer le mystère qui entourait le siège de Pierre.

La plus plausible, selon laquelle Paul était un antipape, un infiltré communiste de formation, pouvait être étayée par son passé connu, son amitié avec l'anarchiste Alinsky et d'autres personnes de son genre à Milan, ainsi que par les hérésies qu'il avait encouragées depuis son arrivée au pouvoir.

D'autres explications seront avancées ici (non pas parce qu'elles font partie des convictions de l'auteur, qui les considère comme extravagantes, voire farfelues), mais afin de faire connaître ce que beaucoup de personnes intelligentes en sont venues à penser face à une situation semblable à celles qui, au cours des siècles passés, ont vu s'affronter les forces de saint Michel et d'Asmodée sur les rives du Tibre.

Une théorie veut que Paul VI, un bon pape au sens normal du terme, soit tombé entre les mains d'agents de sociétés secrètes (et ici, les noms de Villot, Casaroli et Benelli refont surface), qui l'ont drogué à l', lui ont injecté du poison dans les veines et l'ont rendu incapable de raisonner, de sorte que tout ce qui était censé être estampillé par le magistère de l'Église provenait en réalité du triumvirat des cardinaux.

Mais cela semble être exclu par l'attachement de toute une vie de Montini au marxisme, qui aurait rendu inutile toute pression de la part des sociétés secrètes orientées à gauche.

Cela aurait été superflu. Cependant, une déclaration du pape, lorsqu'un dignitaire lui a demandé de calmer l'inquiétude généralisée, pourrait être considérée comme révélatrice :

« Croyez-vous que le pape soit mal informé ou soumis à des pressions ? »

Finalement, les récits provenant de Rome sur les sacrilèges et les abus commis dans l'Église, avec l'approbation du pape, devinrent si choquants que des groupes de personnes en Europe et en Amérique décidèrent d'agir.

Cela aboutit à ce que M. Daniel Scallen, de la Marian Press à Georgetown, dans l'Ontario, au Canada, engage l'agence de détectives Pinkerton à New York pour mener une enquête. L'un des détectives de l'agence fut envoyé à Rome en 1973 et revint avec un récit qui éclipsait toutes les autres spéculations, aussi sensationnelles fussent-elles.

Il avait déterminé qu'il y avait deux papes vivant au Vatican, Paul VI et un imposteur qui avait été rendu semblable à Montini grâce à la chirurgie plastique. Plusieurs opérations de ce type avaient été nécessaires, et lorsque des photographies en couleur du faux pape ont été envoyées aux cercles intéressés à Munich, où l'imposture fait encore l'objet d'études approfondies, il y avait certaines différences notables entre les deux séries de traits qui ne pouvaient être surmontées.

Pour souligner les différences : Montini avait les yeux bleus clairs, grands, et étant presbyte, il n'avait besoin de lunettes que pour voir de près. L'imposteur avait les yeux verts, petits, et il portait des lunettes à verres épais en toutes circonstances.

Les photographies de Montini révèlent une petite tache de naissance, ou grain de beauté, entre l'œil gauche et l'oreille gauche.

Cela n'apparaît pas sur les photos de l'imposteur, dont le sourcil gauche était plus proche de l'œil que celui de Montini.

Les différences entre le nez et les oreilles des deux hommes sont considérées comme décisives. Le nez de Montini était romain et dépassait légèrement de sa bouche. Le nez de l'imposteur, en partie droit et en partie crochu, était court, et ceux qui ont soumis les photos à un examen professionnel affirment avoir détecté l'insertion d'une bande de plastique dans le nez pour le rendre plus droit.

Mais ce sont les différences dans la forme et la structure des oreilles qui posent le plus de difficultés à ceux qui doutent de l'existence d'un imposteur. Ces différences sont uniques, individuelles, et elles sont considérées comme des empreintes digitales par les tribunaux. Toute comparaison des lobes et de la structure des oreilles, telle qu'elle apparaît sur les photographies, est pour le moins impressionnante.

Mais les milieux intéressés ne se sont pas arrêtés là. Ils se sont intéressés à la voix et ont fait appel à la société Kay Elemetrics de Pine Brook, dans le New Jersey, et à la Ball Telephone

Company. Leur objectif était d'analyser la voix (ou les voix, s'il y avait effectivement deux papes) lorsqu'ils prononçaient la bénédiction traditionnelle du dimanche de Pâques et du jour de Noël, avec les mots *Indulgentium Peccatorum,* prononcés depuis le Vatican en 1975.

À ces deux occasions, le message a été diffusé à Rome et de nombreuses personnes l'ont enregistré. D'après les sonogrammes réalisés (les sonogrammes sont plus sensibles que l'oreille), il semblait que l'homme qui avait parlé à Pâques, puis à Noël, n'était pas le même.

Il y avait eu deux orateurs différents.

Je cite ici ceux qui sont qualifiés pour juger les sonogrammes et résumer les différences : une voix avait un ton beaucoup plus grave que l'autre, avec un traînage plus prononcé des syllabes.

Une autre différence était que l'une des voix avait une gamme de fréquences beaucoup plus basse. Elle émettait un son plus sifflant et était nettement plus tremblante.

Ces graphiques ont été soumis au F.B.I. pour examen, et les mêmes conclusions ont été tirées. Les schémas vocaux étaient différents et indiquaient que les cordes vocales, la bouche et les lèvres étaient propres à chaque individu.

Des déclarations ultérieures affirmant qu'il y avait un faux pape Paul VI poursuivent en disant qu'il s'agissait d'un acteur dont les initiales sont P.A. R. et que c'est lui qui est mort à Castelgandolfo le 6 août 1978. Un évêque allemand, qui prétend avoir la preuve que Montini vivait en dernier lieu non pas au Vatican mais dans la banlieue de Rome, espère rendre cela public dans un livre à paraître.

Cela pourrait-il donc indiquer que le véritable Paul VI a été retenu captif au Vatican, ou qu'il a été enlevé, voire assassiné ? Un laïc à la recherche de preuves plus concrètes s'est rendu à Brescia, où vivaient certains proches de Montini. Une nièce lui a alors confié qu'ils étaient parfaitement au courant de l'imposture, mais que tous leurs efforts pour la révéler avaient été étouffés.

L'enquêteur, qui était manifestement inexpérimenté et animé d'un zèle militant pour révéler la vérité, s'est rapidement retrouvé en difficulté. Il a été emprisonné pendant quatre ans, puis expulsé d'Italie.

Depuis lors, toutes les tentatives pour le retrouver ont échoué.

Eh bien, dans la confusion qui règne dans le bastion romain, c'est ce que certaines personnes loin d'être négligeables en sont venues à croire.

Partie douze

Aucun Romain n'a jamais pu dire : « Hier soir, j'ai dîné avec les Borgia. »

Maz Beerbohm.

Un prêtre désabusé, qui continue néanmoins à dire la messe tous les jours et à remplir toutes les obligations exigées par une paroisse, a simplement haussé les épaules lorsque j'ai évoqué la possibilité que des crimes soient commis aujourd'hui au Vatican.

« Eh bien, dit-il, cela a toujours existé là-bas. Pourquoi cela n'existerait-il plus aujourd'hui ? »

Ma suggestion ne le troublait pas le moins du monde. Un ennemi de Rome n'aurait pas pu se montrer plus désinvolte, plus résigné à l'usage du poison et de la corde du bourreau, ni plus tolérant envers l'adultère dans les hautes sphères.

La malaria et la goutte figurent parmi les causes de décès de nombreux papes.

Mais parfois, elles pouvaient se résumer en un seul mot, poison, comme dans le cas de Grégoire V, qui régna de 996 à 999. On pourrait en dire autant de la mort de Damase II qui, après avoir été élu le 17 juillet 1048, ne vécut que trois semaines.

Célestin II, ancien disciple d'Abélard, fut nommé pape le 26 septembre 1143 et mourut au cours de la deuxième semaine du mois de mars suivant. Certains de ses proches soupçonnaient fortement un empoisonnement. En juin 1517, le pape Léon X, issu de la famille Médicis, échappa de justesse à un complot mené par le cardinal Petrucci et quatre autres princes de l' l'Église, qui voulaient l'empoisonner. Léon XI mourut le 27 avril 1605, après un règne de seulement vingt-sept jours. Selon les biographes officiels, sa mort fut causée par un refroidissement soudain aggravé par les soucis de sa charge. Mais certains témoins affirmèrent l'avoir vu s'effondrer sur une coupe empoisonnée.

Entre ces deux pontificats éphémères, le vice-chancelier de l'Église romaine, Rodrigo de Borgia, qui allait marquer cette période et sa famille d'une infamie rare à toute époque, s'installa sur le trône papal en 1492 sous le nom d'Alexandre VI.

Outre plusieurs maîtresses secondaires, il avait déjà pris pour maîtresse principale une dame romaine mariée, Vanozza de Cataneis, qui lui donna trois fils et une fille, tous élevés sous l'aile de leur père en tant que membres privilégiés de la cour ; et dès le début, mis à part les gestes et les protestations qui faisaient partie intégrante de sa fonction, la principale motivation d'Alexandre devint l'avancement et la sécurité politique de sa famille.

Le fils aîné, Juan, duc de Gandia, rivalisait avec son père par le nombre de relations illicites dans lesquelles il figurait. Son frère, César, qui ne lui était pas en reste, allait ajouter sa propre marque distinctive aux annales criminelles des Borgia. À seulement dix-sept ans, Alexandre le nomma cardinal, alors que César n'était qu'un sous-diacre, et certainement pas prêtre. Son père se montra tout aussi obligeant lorsque César, bien que prince de l'Église (il abandonna rapidement cette imposture), souhaita se marier. La dispense nécessaire fut rapidement accordée.

Le plus jeune des fils d'Alexandre, Jofre, épousa une fille illégitime d'Alonso II de Naples.

Vint ensuite Lucrezia qui, en raison de son sexe et de la piété manifeste dont elle faisait preuve dans un tel environnement, a été maltraitée par les romanciers et les historiens hollywoodiens. Elle était, selon l'époque, suffisamment peu féminine pour s'occuper de la correspondance officielle de son père lorsqu'il était absent de Rome, et nous ne savons rien de certain qui puisse la discréditer.

Son premier mariage, avec un prince de la maison Sforza, fut annulé pour non-consommation. Elle épousa ensuite un autre enfant illégitime du roi de Naples,, puis le duc Alfonso d'Este de Ferrare.

Lucrezia mourut jeune, mais pas avant d'avoir vécu l'étrange expérience de savoir que son deuxième mari avait été étranglé par son frère César. Mais ce n'était pas le point culminant de la carrière de César, car il traita de la même manière son propre frère Juan. Il s'intéressa ensuite aux cardinaux fortunés et utilisa ses mains habiles ou le poison, toujours très pratique, pour se débarrasser de plusieurs d'entre eux, dont le cardinal Michele, neveu du pape Paul II, et le cardinal Orsini.

Mais cela n'épuisa nullement le collège des cardinaux, car outre César, quatre autres membres du clan Borgia portaient la barrette rouge. Alexandre ferma les yeux sur les exploits de César, bien qu'il fût sincèrement affligé par la perte de son fils aîné, Juan.

À cette époque, le diable fit sentir sa présence, parfois de manière visible, à Rome, et la population ne doutait pas que les agissements du Vatican attisaient les pires flambées de méchanceté. Par exemple, un ballet fut donné la veille de la Toussaint 1501, dans lequel les cinquante danseuses étaient toutes des prostituées ramassées dans les rues de Rome.

L'un de ceux qui en vinrent à conclure que les Borgia avaient régné trop longtemps était le cardinal Castellisi de Corneto. Il invita donc le père et le fils à un banquet et prépara un poison de son cru qui devait les débarrasser tous les deux de Rome.

Ils acceptèrent l'invitation, mais il se trouve qu'Alexandre avait décidé que Castellisi était une nuisance et il vint muni d'un vin qui s'était révélé très efficace dans le passé.

À cette époque, les cocktails n'existaient pas, mais les vins se sont mélangés pendant le repas, et Alexandre et César ont bu une gorgée de la préparation de Castellisi. Au milieu des gémissements et des contorsions, la fête s'est terminée précipitamment. César s'est rétabli, mais Alexandre est mort, après avoir reçu les sacrements de l'Église.

Cause du décès : paludisme.

Son Éminence de Corneto en a probablement ri sous cape. César a en partie expié sa vie dissolue en mourant au combat. Lucrezia a été caricaturée dans un roman de Victor Hugo, et son nom a été donné au rôle-titre d'un opéra de Donizetti. Un apologiste d'Alexandre ne pourrait dire mieux que pendant son règne, le Groenland a accepté l'Évangile.

2.

Selon une recette transmise et tombée entre les mains de Garelli, médecin de l'empereur Charles VI de Habsbourg (1685-1740), les Borgia obtenaient leur poison en tuant d'abord un cochon, en aspergeant ses organes abdominaux d'acide arsénieux et en attendant que la putréfaction s'installe.

Cette matière contaminée, lorsqu'elle était introduite dans des liquides, devenait un poison actif, mortel et, dans la majorité des cas, presque instantané.

De grandes précautions étaient prises à la cour d'Alexandre VI pour empêcher que cela ne soit consigné par écrit ; et certaines des autres méthodes utilisées pour administrer le poison étaient tout simplement ingénieuses. Une personne coupant des fruits pouvait mourir en touchant le tranchant d'un couteau qui avait été en contact avec la préparation ; tandis que le simple fait de tourner une clé pour ouvrir une porte ou une boîte pouvait provoquer une égratignure minuscule de la peau, par laquelle une goutte mortelle pénétrait imperceptiblement dans la circulation sanguine.

D'autres toxicologues affirment qu'il existait un autre poison des Borgia, un mélange complexe composé d'une poudre granuleuse et blanchâtre qui ressemblait à du sucre. Il était connu sous le nom de canterella ou cantoreli.

Partie treize

Qui doit trancher lorsque les médecins sont en désaccord ?

Alexander Pope.

La figure de Jean-Paul Ier, qui succéda à Paul VI, ajoute encore un élément, et l'un des plus profonds, à une situation déjà encombrée de problèmes. Créé évêque par Jean XXIII et cardinal par Paul VI (les papes qui, à eux deux, ont créé et mis en œuvre la révolution), son accession au trône pontifical après avoir été Albino Luciano, cardinal-patriarche de Venise, fut presque un coup de tonnerre dans le monde ecclésiastique.

D'origine modeste, il a grandi dans une famille où les opinions, tout naturellement, étaient façonnées et dominées par celles de son père, un homme de gauche engagé ; il était âgé d'une soixantaine d'années lorsque, le 26 août 1978, il est sorti du conclave où il avait été élu, avec une rapidité sans précédent, après quatre tours de scrutin qui n'ont duré que huit heures et quarante-cinq minutes le premier jour.

Un observateur attentif à la situation au Vatican aurait pu remarquer que le décor était planté pour un nouveau drame de la Renaissance. Et un tel événement se dessinait effectivement à travers les énigmes que présentait ce pape (apparemment) pas si inhabituel que cela.

Deux écoles de pensée, dans lesquelles sa voix ne s'était jusqu'alors pas clairement exprimée, se sont développées autour de lui. L'une insistait sur le fait qu'il était déterminé à poursuivre les changements engagés par ses deux prédécesseurs d', qu'il favorisait les éléments modernistes ou progressistes et leurs réformes.

Cette opinion fut confortée lorsqu'il refusa le titre de Souverain Pontife et choisit d'être intronisé plutôt que couronné. Lors de sa messe inaugurale, il n'y avait pas de crucifix sur la table qui servait d'autel. La simplicité régnait en maître, et ceux qui se faisaient l'écho de l'idéologie de Paul VI ne tardèrent pas à proclamer que le nouveau pape était « leur homme », d'autant plus qu'il était connu pour s'être opposé à l'enseignement de l'Église interdisant la contraception.

D'autre part, on disait qu'il envisageait l'annulation de certaines des innovations introduites par Vatican II, qu'il déplorait le mouvement dit « ascendant » qui menaçait l'Église, et les conservateurs qui cherchaient à faire approuver leur point de vue, furent encouragés lorsque vint le moment de nommer de nouveaux évêques pour les sièges vacants, et plus particulièrement pour son ancien patriarcat de Venise.

Il était opposé en cela par le cardinal Baggio (connu sous le nom de Ceba par les sociétés secrètes), dont le candidat était un certain Mgr Ce, connu pour être radical. Mais Jean-Paul II refusa de procéder à cette nomination, donnant ainsi raison à ceux qui voulaient croire qu'il était en conflit avec l'hérésie.

Leur satisfaction fut toutefois de courte durée, comme en témoigne un événement qui se produisit lorsqu'il fut invité à prendre la parole devant un groupe d'étudiants et d'enseignants. Il les fit réciter l'Angélus, mais à peine avait-il terminé le dernier « Je vous salue Marie » qu'il se mit à chanter les louanges d'un homme qu'il présentait comme « un exemple classique d'abnégation et de dévouement à l'éducation ».

Il ne s'agissait pas, comme on aurait pu s'y attendre, d'un saint, ni même d'un simple membre de l'Église, mais de Giosue Carducci (1835-1907), qui avait été professeur à l'université de Bologne et dont le nom, en tant qu'adorateur avoué de Satan, était très respecté dans les cercles occultes.

Son poème *Hymne à Satan*, en quarante strophes, contenait des vers tels que ceux-ci :

« Gloire à toi, magnanime rebelle !
Sur ton front s'élèveront, comme des lauriers,
Les forêts de l'Aspromonte.
Je bois à ce jour heureux qui verra la fin
De Rome l'éternelle.

À la Liberté qui, vengeant la pensée humaine,
Renverse le faux trône du successeur de Pierre ;
Dans la poussière avec les couronnes et les guirlandes !

Gis brisé, Seigneur inique ! »[26]

Dans des textes plus courts, Carducci s'excusait auprès de Satan, ou de l'esprit du mal, qu'il appelait Agramainio, pour les mensonges et les calomnies dont il était accablé sur terre. Les glorifications de l'occultisme et de la messe noire, ainsi que de Satan comme symbole de la révolte contre l'Église, antithèse de la religion, se mêlent aux blasphèmes. Satan est remercié pour sa gentillesse, tandis que dans son *Ode à la ville de Ferrare*, Carducci maudit la « vieille louve cruelle du Vatican ».

Carducci devint le centre d'un culte et ses disciples lui accordèrent à peu près la même vénération qu'il accordait à Satan. Des processions étaient organisées, précédées d'une bannière sur laquelle Satan était représenté dans toute sa parure, avec ses cornes, sa queue et ses sabots, et au cours desquelles on chantait une parodie de la litanie, comprenant la phrase « Gloria in profundis Satanae ». Les huit derniers vers de l'hymne de ce « chanteur de Satan » entrèrent dans le répertoire des chants qui faisaient résonner les poutres des réunions des sociétés secrètes italiennes.

---

[26] Joseph Leti. *Charbonnerie et Maçonnerie dans le Réveil national italien.* Traduit par L. Lachet. (Paris. Ed. polyglotte, 1925.) Cité par Alec Mellor dans *Our Separated Brethren.* (Harrap, 1964.)

Pourtant, l'admiration du pape Jean-Paul II pour cet homme, qu'il présentait comme un exemple à suivre pour les enseignants et la génération montante, n'était qu'un des mystères liés à son règne.

2.

Au fil des siècles, Rome, insistante sur sa validité historique unique, était restée obstinément à l'écart des négociations avec les autres Églises, protestantes ou orthodoxes. Mais le Concile Vatican II avait ouvert des portes, permettant désormais aux représentants de ces Églises d'échanger leurs points de vue et de discuter des possibilités d'unité.

L'un de ces visiteurs à Rome était le métropolite russe Mgr Nikodim, archevêque orthodoxe de Leningrad. Né en 1930, devenu le plus jeune évêque de toute la chrétienté, il était réputé pour ses opinions pro-soviétiques et anti-occidentales. En 1961, il avait conduit une délégation d'ecclésiastiques orthodoxes au Conseil œcuménique des Églises. Il avait reçu la médaille des Nations unies pour la paix et était devenu chef du département des relations extérieures du patriarcat de Moscou. Après avoir assisté à l'intronisation de Jean-Paul Ier, il avait été reçu en audience par le pape le 5 septembre.

La rencontre eut lieu dans le bureau attenant à la bibliothèque privée du pape, et les remarques liminaires, rapportées probablement par le père Arrupe, supérieur général des jésuites, ou par le cardinal libéral Willebrands (qui avait accueilli Nikodim), furent les suivantes : « Bienvenue, cher frère », dit le pape en s'avançant de la grande table en chêne où il travaillait, « si proche de nous, et pourtant si loin. Que découvrirons-nous sur nous-mêmes ? Quand serons-nous tous, catholiques et orthodoxes, fils de la même Église ? »

Nikodim répondit dans le même esprit. « Je souhaite que cela puisse se produire sous votre règne. »

Le pape demanda des nouvelles de la situation religieuse en Russie. « Le père Arrupe me dit que vous êtes très optimiste quant à l'avenir de l'Église dans votre pays. »

Nikodim resta silencieux pendant un moment. Ceux qui l'avaient rencontré pouvaient imaginer comment, lorsqu'il marquait une pause avant de répondre, ses yeux n'étaient plus que deux fentes sous ses sourcils broussailleux. « Saint-Père, je vais être franc avec vous », dit-il enfin. « En Russie, on pense beaucoup de mal de moi. On dit que je travaille avec les autorités de l'État et que je les sers plutôt que Dieu. Pourtant, je suis un fidèle serviteur de Dieu. »

Cette brève confession fit monter le rouge à ses joues. Il respirait rapidement, sous l'emprise d'une émotion violente.

Jean-Paul demanda doucement : « Que souhaitez-vous que je fasse ? »

Quand il put reprendre la parole, Nikodim poursuivit : « Très Saint Père, comment pouvons-nous travailler ensemble si la Russie continue de penser que l'Église orthodoxe fait partie du système communiste ? Un jour, je serai écrasé » —, s'écria-t-il en écartant les bras, « et l'Église orthodoxe russe disparaîtra. Vous devez parvenir à un accord et négocier avec eux comme ils vous le demandent. »

Était-ce là le but de la visite de Nikodim ? Nous ne le saurons jamais, car son état physique était désormais vraiment alarmant. Il pressait sa main contre son flanc gauche, comme si, selon ce qui fut dit plus tard (peut-être par Jean-Paul II lui-même), il voulait arracher son cœur et le jeter aux pieds du pape. Il essaya de parler, mais en vain. Sa bouche était déformée et seuls le blanc de ses yeux étaient visibles.

Le pape le saisit et le soutint en partie. « Pitié, il est malade », s'écria-t-il à Willebrands, qui était encore à portée de voix. « Vite, Éminence, appelez le docteur Fontana », le médecin personnel du pape.

Le pape fit tout son possible pour soulager Nikodim sur le sol du bureau. Puis il ouvrit la fenêtre. Lorsque le médecin arriva, le Russe était mort.

Il s'est avéré par la suite que Nikodim s'était vu refuser l'entrée en France alors qu'il se rendait à Rome, et qu'il n'avait pu entrer que grâce à l'intervention de plusieurs évêques français.

Puis, comme pour justifier leur opposition, le ministère français des Affaires étrangères fit savoir que Nikodim était un agent accrédité de la police secrète soviétique.

3.

Le jeudi 28 septembre 1978 avait été une journée comme les autres au Vatican.

Après avoir travaillé dans son bureau, le pape avait reçu en audience privée quelques membres de la hiérarchie, puis un groupe de prélats des Philippines, auxquels il avait réservé un accueil particulier en tant que représentants de la région la plus catholique d'Asie du Sud-Est.

Après le déjeuner et la sieste habituelle, il y eut encore des affaires à régler et des discussions avec plusieurs cardinaux. Les prières du soir dans sa chapelle privée furent suivies d'un bonsoir général à ses collaborateurs, après quoi il se retira dans sa chambre au troisième étage du Palais apostolique.

Le vendredi s'est levé comme un jour typique de fin septembre, avec les rangées de fenêtres du palais se dessinant dans la lumière grisâtre et les premiers bruits provenant non pas des oiseaux des jardins du Vatican, mais de la petite pièce où sœur Vicenza, une religieuse au service des papes depuis dix ans, préparait le café. Son timing, ses mouvements et les détails de sa tâche avaient une précision presque militaire.

Il était cinq heures. À dix minutes, elle déposerait la tasse de café, toujours très fort, dans la sacristie attenante à la chapelle où le pape s'agenouillait en méditation avant de dire la messe à cinq heures et demie. Elle fut donc surprise lorsqu', n'entendant aucun bruit, elle se rendit dans la sacristie et constata que le café, à moitié froid dans la tasse, n'avait pas été touché.

L'un des secrétaires du pape, Don Diego, la rejoignit alors ; et lorsque cinq heures vingt sonnèrent et que le pape n'était toujours pas apparu, ils se rendirent à la porte de sa chambre. Là, le secrétaire frappa à plusieurs reprises,, et n'ayant reçu aucune réponse, il ouvrit la porte.

Le pape gisait sur son lit, tout habillé, et manifestement mort. Sur la table de chevet se trouvait une lampe encore allumée et un petit réveil bon marché qu'il avait rapporté de Venise. Dans le couloir, une lumière rouge émanait d'une sonnette électrique. Elle avait été placée là pour servir d'alarme, afin d'appeler à l'aide, et sa lueur signifiait qu'un signal avait été donné par le pape qui, comme Diego le constata d'un seul coup d'œil, était mort seul, sans que personne n'ait répondu à son appel. Il n'avait porté l'anneau du pêcheur que pendant trente-trois jours.

L'autre secrétaire du pape, le père John Magee, fut le suivant à arriver sur les lieux, et tandis que la nouvelle se répandait, le cardinal Confaloniere, doyen de la Congrégation des cardinaux, qui arriva au chevet du pape, prononça ce qui fut ensuite accepté comme la version officielle de la tragédie.

La description qui en fut faite pourrait s'appliquer au lit de mort de n'importe quel homme exceptionnellement pieux. Le pape était allongé sur le lit, soutenu par des oreillers, la tête légèrement tournée vers la droite, penchée en avant sur sa poitrine. Ses yeux étaient ouverts. Il dégageait une impression de calme et de sérénité, sans aucun signe de souffrance. Rien ne contredisait le surnom de « pape souriant » qui lui avait été donné pendant son bref séjour à Rome. Il tenait dans une main quelques feuilles contenant des notes pour un discours qu'il avait l'intention de prononcer le lendemain. Un exemplaire de *l'Imitation de Jésus-Christ* de Thomas a Kempis était posé sur le sol. [*L'auteur reprend ici la version expurgée fournie par le Vatican et contestée par David Yallop dans son livre « Au nom de Dieu »*].

Dans la panique et la stupeur qui suivirent, Don Diego, dont on aurait pu s'attendre à ce qu'il se joigne à eux, était en train de mener une conversation téléphonique précipitée et agitée. On apprit plus tard qu'il avait appelé le docteur Antonio da Ros pour le supplier de venir immédiatement au Vatican afin de procéder à un examen externe de Jean-Paul II, qu'il connaissait et soignait depuis une vingtaine d'années – un geste extraordinaire pour un secrétaire agissant de sa propre initiative, alors qu'il était entouré d'une foule de prélats influents ; et doublement surprenant puisque le docteur da Ros n'était pas à Rome, mais à Venise.

La nouvelle fut diffusée par Radio Vatican à 7 h 31, et sur Radio Italia, le présentateur du matin interrompit le dernier acte terroriste des Brigades rouges pour annoncer : « Nous interrompons cette émission pour vous communiquer une nouvelle grave... »

Le son des cloches dans toute la ville et la mise en berne du drapeau jaune et blanc de la Cité du Vatican ont relayé la nouvelle ; et loin de là, à Cracovie, lorsque la nouvelle est parvenue dans le vieux bâtiment qui abritait la Curie de la cathédrale, un homme qui était assis à table pour le petit-déjeuner s'est soudainement levé et s'est retiré dans la chapelle privée. Ceux qui le virent à ce moment-là se souviennent que Karol Wojtyla, car tel était son nom, était livide et tremblait, comme si une mission lourde de conséquences, dont l'importance lui avait été révélée par un conseil secret dans un passé pas si lointain, était sur le point d'aboutir.

Ceux qui ont vécu cet événement n'hésitent pas à dire qu'à partir de ce moment-là, une atmosphère jusqu'alors inconnue s'est installée au Vatican. Les hommes ont commencé à s'interroger eux-mêmes, comme ils interrogeaient les autres. De petits groupes se réunissaient et discutaient sans animation. Ils étaient soumis à une pression indéfinissable qu'aucun d'entre eux n'avait le pouvoir de dissiper. La plupart des conversations qui s'y tenaient en temps normal étaient très allusives, obligeant à puiser dans ses souvenirs classiques, historiques ou littéraires pour en trouver une raison ou une réponse.

Cette impression était encore renforcée lorsque les cardinaux Poletti et Baggio se sont retrouvés face à face, tous deux conscients d'une question et tout aussi nerveux à l'idée que l'autre puisse la résoudre. L'un d'eux s'est réfugié dans les paroles d'Antonio Fogazzaro, l'écrivain anticlérical.

« Éminence, dit l'un d'eux, vous vous moquez de ceux qui se taisent. Craignez leur silence ! » Un prêtre moins expérimenté résuma la situation de manière plus imagée : « Les placards du

Vatican sont remplis de squelettes. Leurs os commencent à s'entrechoquer. »

« Et alors ? répondit un autre ecclésiastique. Ils y ont été placés pendant les grandes hérésies du Moyen Âge. Aujourd'hui, ces hérésies sont de retour. »

Rumeurs, mystère, embarras, perplexité... Ce fut presque un soulagement lorsque des bruits se firent entendre dans le couloir menant à la chambre du pape. Les gardes suisses, à la fin de leur quart de quatre heures, sortaient en file indienne, et une haute cloison provisoire était érigée autour du lit. Dans le même temps, toutes les entrées et sorties de cette partie du bâtiment étaient scellées.

Peu après, le frère et la sœur du pape défunt, Eduardo et Amelia Luciani, ainsi qu'une nièce, Pia, arrivèrent. C'étaient des gens simples et sans prétention, que certains à Rome considéraient comme des fils et des filles des montagnes (ils venaient des Dolomites), et qui, malgré leur proximité avec le pape défunt, n'étaient pas du genre à impressionner un cardinal comme Villot qui, désormais chargé des affaires du Vatican et mondain à un certain degré, cachait une nature de fer sous une courtoisie française plus que de rigueur.

Inquiets de la mort soudaine et inattendue de leur frère, ils se sont rangés à l'avis de la plupart des médecins, qui estimaient qu'une autopsie était nécessaire pour clarifier la situation et dissiper tout doute persistant.

Le professeur Prati, consultant à l'unité cardiaque de l'hôpital Saint-Camillo, déclara qu'une autopsie était non seulement souhaitable, mais nécessaire. Le professeur Alcona, chef du service de neurologie de la polyclinique de l'université catholique de Rome, donna son avis plus catégorique, estimant qu'il était du *devoir* du Saint-Siège d'ordonner une autopsie. Le même thème fut repris avec plus de force après les funérailles du pape, lorsqu'un autre spécialiste, le professeur Fontana, déclara : « Si je devais certifier, dans les mêmes circonstances, le décès d'un citoyen ordinaire sans importance, je refuserais tout simplement d'autoriser son enterrement. »

De nombreuses publications ont également insisté sur la nécessité d'une autopsie, parmi lesquelles le groupe conservateur *Civilta Cristiana*, sous la direction de Franco Antico, et l'influent *Corriere della Sera*, de Milan. Leurs doutes étaient étayés par les contradictions entre les spécialistes qui avaient examiné le corps du pape. Le docteur Buzzonetti, premier médecin arrivé sur les lieux, avait déclaré que le pape avait souffert d'une thrombose coronarienne aiguë. Un autre a attribué le décès à un cancer, tandis qu'un troisième a déclaré que le pape avait été victime d'une crise d' e apoplectique résultant d'une tumeur au cerveau. Le docteur Rulli, de l'hôpital Saint-Camillo, a déclaré qu'il s'agissait d'une hémorragie cérébrale.

L'hypothèse d'un problème cardiaque a été écartée par Edouardo et Amelia Luciani, tandis que Mgr Senigallia a déclaré que Jean-Paul II, suivant son conseil, avait subi un électrocardiogramme qui avait duré vingt minutes et qui n'avait révélé aucune anomalie.

Les enquêteurs officiels ont alors adopté une nouvelle stratégie pour se sortir d'une situation embarrassante. Ils ont soudainement annoncé que le pape était, depuis toujours, une personne très malade, qu'il avait été baptisé peu après sa naissance car on ne lui donnait pas plus d'un jour à vivre, qu'il avait été hospitalisé huit fois, séjourné deux fois dans un sanatorium et subi quatre opérations. Une appendicite, des problèmes cardiaques et des sinus, accompagnés d'un gonflement des mains et des pieds, figuraient également parmi ses maux. Ses ongles étaient devenus noirs, il avait réussi à survivre avec un seul poumon, et on parlait également d'une embolie ou d'un caillot sanguin.

Si ce résumé de ses maux avait été vrai (et il avait subi l'examen médical habituel avant le conclave), il n'aurait pas été élu. En quelques heures, une fois passé le choc initial, une véritable campagne de suspicion s'est mise en place, dont seuls Villot et quelques-uns de ses proches se sont tenus à l'écart. On parla d'une dose plus que médicinale de digitaline, de la rare méchanceté qu'il faudrait pour introduire du poison dans le vin utilisé pour la messe, et des moyens discrets qui permettraient d'aider un homme à mourir.

Mais au-delà de ces hypothèses, alors que des termes tels que meurtre, assassinat et poison commençaient à circuler, certaines questions sans réponse menaçaient, selon les termes d'un prélat, d'ébranler les fondations mêmes du Vatican.

Le premier à voir le visage du pape défunt fut Don Diego, un secrétaire. Il avait dû voir quelque chose qui l'avait profondément alarmé ou choqué, car il s'était précipité vers le téléphone pour appeler le docteur da Ros, un ami médecin plus intime de Jean-Paul II que tous ceux qui faisaient partie du service médical du Vatican, bien que les quatorze éminents spécialistes qui le composaient fussent facilement joignables, alors que da Ros se trouvait à trois cents miles de là.

De plus, Don Diego n'a jamais été invité à rendre compte de son geste, ou du moins pas d'une manière qui ait jamais fait l'objet d'une enquête connue. Et, d'ordinaire loquace, il devint réservé et ne put jamais être amené à s'étendre sur les raisons qui, alors que tant de choses menaçaient de se briser autour de lui, l'avaient poussé à se précipiter vers le téléphone pour passer un appel lointain.

Qu'avait-il vu ? Était-ce l'expression sur le visage de Jean-Paul II ? Selon le doyen octogénaire de la Congrégation des cardinaux, Confalonieri, le défunt semblait serein, apaisé, paisible, avec un léger sourire. Mais un jeune ecclésiastique récemment accrédité au Vatican, qui s'efforçait avec l'ardeur et l'enthousiasme d'un débutant de se familiariser avec les affaires de la Curie, vit un visage très différent de celui qui avait été officiellement décrit.

Il était déformé par une expression de souffrance prononcée, tandis que la bouche, au lieu de laisser entrevoir un sourire, était grande ouverte. Cette dernière version fut confirmée lorsque les embaumeurs arrivèrent, les quatre frères Signoracci de l'Institut médical.

Leurs efforts combinés et hautement qualifiés, qui durèrent deux heures rien que pour le visage, et avec l'aide de produits cosmétiques, ne purent vaincre, et encore moins effacer, l'expression d'horreur que le pape défunt emportait dans sa tombe.

Mais le plus grand obstacle à une explication satisfaisante était la lumière rouge dans le couloir. Elle était commandée par une sonnette électrique située sur la table de chevet du pape et signifiait qu'il appelait à l'aide. Ce signal avait certainement été donné. La lueur rouge s'était allumée. Mais personne n'y avait répondu. Ni les gardes, ni le personnel, ni les secrétaires, ni les employés, ni l'infirmière, ni le chauffeur, qui se trouvaient dans l'annexe ; ni les sept religieuses de l'ordre de Marie-Enfant qui, chargées de l'intendance du pape, se trouvaient à l'étage au-dessus du sien.

Que faisaient-ils tous à ce moment-là ? Quelle tâche plus importante que le bien-être du pape, voire sa sécurité, pouvait les occuper de manière si importante ? Les policiers qui patrouillaient sur la place Saint-Pierre toute la nuit ont certainement jeté plus d'un coup d'œil instinctif vers les rideaux légèrement entrouverts de la chambre du pape. La lueur rouge a peut-être été visible entre les rideaux. Mais était-elle vraiment visible toute la nuit, ou avait-elle été manipulée pour n'être visible qu'à l'aube ?

Il n'y eut aucune enquête dans ce sens. Ces questions restèrent sans réponse. Le pape était mort. Mais une autopsie, demandée par la plupart des médecins du pape et ses proches, et soutenue par une presse influente, aurait permis de lever tous les doutes et de déterminer la cause du décès.

Mais là encore, la présence imposante de Villot intervint. Une autopsie, déclara-t-il, était hors de question ; et la raison qu'il donna rendit les médecins encore plus perplexes.

Le corps avait été découvert à cinq heures et demie du matin. Le temps, qui est normalement si régulier et méthodique au Vatican, avait alors fait un bond en avant surprenant. Les embaumeurs, avec une hâte tout à fait inutile et sans précédent, avaient été immédiatement convoqués, et leur travail était terminé à neuf heures et demie.

« Mais les intestins ? » demanda l'un des médecins, qui avait décidé de les prélever pour rechercher des traces de poison. La réponse de Villot fut à nouveau catégorique. Ils avaient été brûlés.

L'un des commentaires les plus marquants sur cette étrange affaire est venu, de manière assez surprenante, de *L'Osservatore Romano*, qui s'est demandé si la mort de Jean-Paul II pouvait avoir un lien avec l'homélie qu'il avait prononcée en faveur du sataniste et adorateur du diable Carducci. Mais seuls les catholiques allemands ont pu lire cela, car cet article a été supprimé de tous les exemplaires du journal distribués ailleurs. On a même tenté de supprimer l'édition allemande, mais il était trop tard.

Une conférence de presse peu impressionnante, à laquelle Villot ne pouvait pas vraiment s'opposer, bien que son mécontentement évident ait presque eu l'effet d'une interdiction positive (surtout lorsqu'un des participants a exprimé le regret général de l'absence d'autopsie), n'a rien donné. Villot renvoya les opposants au verdict final rendu par le père Romeo Panciroli, qui, après avoir procédé à toutes les vérifications possibles sur le corps épicé et éviscéré, se déclara « heureux de constater que tout était en ordre ».

Pendant ce temps, un médecin, Gerin, qui rejetait la possibilité d'une mort naturelle du pape, prononça ouvertement le mot « poison » ; et un évêque (il faut respecter son souhait de rester anonyme) se décida à réussir là où les médecins, les professeurs et les journalistes avaient échoué. Il allait percer le voile du silence et du secret, et établir la vérité, quelle qu'en soit l'importance ou les conséquences.

Il travailla dur et longtemps ; il interrogea d'innombrables personnes ; il fouilla dans tous les services, monta des escaliers et emprunta des passages tortueux dans le Vatican. Puis, pendant un certain temps, il disparut de la scène ; et ceux qui le rencontrèrent par la suite le trouvèrent non seulement changé, comme cela peut arriver après quelques mois, mais complètement différent, dans tous les sens du terme.

Les Romains endurcis et les réalistes, qui ne s'attendaient à rien d'autre, se contentèrent de hausser les épaules. La coupole de Saint-Pierre n'est pas une coquille d'œuf que l'on peut casser. Il n'était qu'un imbécile de plus qui s'était brisé le cœur contre elle.

Conscient de l'agitation croissante au sein de l'Église, le cardinal Villot avait promis de faire une déclaration sur les événements récents au Vatican avant la convocation du prochain conclave. Il ne l'a jamais fait, mais il est resté un homme mystérieux jusqu'à la fin, ne laissant aucune indication sur ce qu'il savait (les soupçons étaient suffisamment nombreux pour compenser l'absence de certitude) ni sur son degré de responsabilité. La cause du décès de Villot, le 9 mars 1979, suscita la même confusion élémentaire qui avait entouré la mort de Jean-Paul Ier. Selon une première annonce, le cardinal était mort d'une bronchopneumonie. Un deuxième verdict évoqua des problèmes rénaux, un troisième une hépatite, tandis qu'un autre encore attribua la cause du décès à une hémorragie interne.

Il semble que les spécialistes catholiques de haut niveau, lorsqu'ils sont appelés au chevet de leurs patients les plus éminents, se révèlent être des diagnosticiens très indifférents.

4.

Il pleuvait. Depuis leur place dans la colonnade surplombant la place, Simon Pierre et ses compagnons saints contemplaient une forêt de parapluies. Le pape défunt, vêtu d'une robe rouge, blanche et dorée, et coiffé d'une mitre dorée, avait été transporté de la salle Clémentine du palais apostolique jusqu'à la place où, dans un cercueil en cyprès brut, son corps reposait sur une couverture rouge bordée d'hermine, en vue de la célébration d'une messe en plein air. La flamme d'un seul grand cierge, placé près du cercueil, vacillait dans le vent et la bruine, mais sans jamais s'éteindre. Un monseigneur, l'esprit lourd d'une certitude grandissante, regardait les têtes pour la plupart voilées et les visages pâles, et pensait à la terrible suspicion qui tremblait sur toutes les lèvres.

« C'est trop », murmura-t-il dans un souffle. « C'est trop. »

Un crépuscule glacial d'octobre, percé par les points lumineux de la ville, tombait alors que le cortège pénétrait dans la basilique où, dans la crypte, les générations futures viendront contempler une tombe portant la simple inscription JOHANNES PAULUS 1. Et certains, malgré l'émoussement du temps, se poseront peut-être la question.

Quatorzième partie

La croyance en l'innocence des dirigeants dépend de l'ignorance des gouvernés.

Hugh Ross Williamson.

Le monde catholique dans son ensemble s'était à peine remis du choc causé par la mort soudaine et inattendue de Jean-Paul II qu'un autre événement détourna son attention de la *Sedis vacantia* (vacance du siège apostolique) vers la fumée blanche qui, le 16 octobre 1978, s'échappa de la petite cheminée penchée de la chapelle Sixtine, et vers l'annonce qui suivit : « Nous avons un nouveau pape. »

L'excitation fut plus grande que d'habitude, et certains observateurs parmi les plus expérimentés remarquèrent qu'elle provenait en grande partie des mêmes milieux qui avaient acclamé Jean XXIII, de ceux qui avaient salué les changements (ou les désastres, selon beaucoup) résultant de son règne comme des signes tant attendus et bienvenus que l'Église se débarrassait de ses chaînes archaïques.

Le nouveau pontife était en effet Karol Wojtyla, qui reçut un accueil quasi héroïque parce qu'il était Polonais, issu de l'Est, où la religion, en particulier la religion chrétienne, avait dû subir de nombreuses épreuves et où, même si l'époque des coups et des railleries était quelque peu passée, elle ne bénéficiait encore que d'une acceptation prudente et limitée. Wojtyla était d'ailleurs le premier non-Italien à être élu pape depuis 1522.

Un journaliste américain chevronné, qui portait le nom peu approprié d'Avro Manhattan, qui connaissait le Vatican mieux que la Maison Blanche et qui était bien versé dans les tergiversations russes, avait écrit auparavant : « La proportion de cardinaux radicaux, et de futurs membres du Sacré Collège, dont les tendances politiques vont du rose pâle au rouge écarlate, a augmenté et continuera d'augmenter. Le résultat inévitable sera que, grâce au nombre plus important de clercs de gauche, l'élection d'un pape rouge devient plus probable.[27]

Un tel pontife était-il arrivé en la personne de Karol Wojtyla ?

Compte tenu des relations tendues entre les pays occidentaux et ceux derrière le rideau de fer, de la politique officiellement irréligieuse de ces derniers et de l'émergence de Jean-Paul II comme nouveau pape élu, un certain nombre de questions se posaient et appelaient une réponse. Sa formation et son développement orthodoxes, son entrée dans la prêtrise, son ascension au rang d'archevêque puis de cardinal s'étaient déroulés normalement.

Au cours des trente années de domination communiste, plusieurs centaines de ses coreligionnaires en Pologne ont subi des persécutions plus ou moins graves, beaucoup ont été emprisonnés, certains ont été mis à mort. Pourtant, rien n'indique que Wojtyla ait jamais subi plus que les épreuves habituelles auxquelles doivent faire face les dissidents connus. Il n'avait pas fait l'objet de protestations soutenues ou menaçantes, et ses relations avec les autorités marxistes étaient les mêmes que celles de tout citoyen ordinaire affichant ouvertement sa foi.

Tout au long de cette période, il a dû, en tant que prélat, donner non seulement des conseils religieux, mais aussi sociaux, voire économiques, à ses coreligionnaires, conseils qui ont parfois dû entrer en conflit avec le code en vigueur. Pourtant, il n'a jamais été réduit au silence et a été toléré, voire privilégié par les autorités, alors que son supérieur religieux, le cardinal

---

[27] L'alliance Vatican-Moscou, 1977.

Wyszynski, alors primat de Pologne, vivait sous une pression constante.

L'octroi de l'autorisation de quitter le pays en est un exemple typique. Lorsque le Synode des évêques fut convoqué à Rome, les deux cardinaux demandèrent un visa de sortie. Le primat se heurta à un refus catégorique, mais Wojtyla obtint l'autorisation sans difficulté.

Il bénéficia du même traitement lorsqu'il s'agit d'assister au conclave au cours duquel il fut élu, et ceux qui avaient été consternés à l'idée d'avoir un pape issu de l'ex-Union soviétique se sentirent bientôt justifiés.

Pierre Bourgreignon, écrivant dans *Didasco*, une publication française parue à Bruxelles en avril 1979, déclarait : « Nul esprit cohérent ne peut croire qu'un cardinal issu de derrière le rideau de fer puisse être autre chose qu'un agent communiste. »

Un doute similaire a été exprimé dans *The War is Now*, une publication australienne publiée au nom de la tradition catholique. Si Wojtyla est un vrai catholique polonais, demandait-elle, « pourquoi des cardinaux honnêtes, sensés et prudents, soucieux du bien de l'Église, élisent-ils une cible, un homme dont la famille et le peuple sont toujours sous le joug, une nation entière d'otages ou de martyrs tout prêts ? »

L'abbé de Nantes, chef de file de la Contre-Réforme catholique du XXe siècle, était plus catégorique : « Nous avons un pape communiste. »

Il était anciennement reconnu qu'il existait des divergences entre les deux cardinaux lorsqu'ils étaient en Pologne. Wyszynski n'avait jamais cédé d'un pouce face aux dirigeants de son pays.

Wojtyla était tout à fait favorable à un compromis et à la poursuite du « dialogue » avec eux, dans la lignée de Paul VI ; et ce qui était plus remarquable encore, Wojtyla, outre le fait qu'il n'a jamais condamné le marxisme athée, s'opposait à ceux qui souhaitaient adopter une attitude plus militante à son égard.

Quelqu'un avait remarqué que pendant le conclave dans la chapelle Sixtine, au cours duquel il fut élu, la solennité de l'occasion et le fait d'être surplombé par les gigantesques fresques du Jugement dernier de Michel-Ange n'empêchèrent pas Wojtyla de lire un livre qu'il avait jugé bon d'emporter pour s'instruire – ou pour se détendre un peu devant la gravité du choix du Vicaire du Christ ? Il s'agissait d'un ouvrage sur les principes marxistes.

Ceux qui le regardaient avec suspicion ne furent pas rassurés lorsqu'il rejeta le rituel du couronnement et choisit d'être « intronisé », ni lorsqu'il fit savoir qu'il se sentait plus à l'aise dans un fauteuil ordinaire que sur le trône papal. Les pratiques de l'Église allaient-elles subir une nouvelle simplification après celles qui avaient déjà résulté du Concile ? Leurs craintes s'accrurent lorsqu'il mit de côté le manteau d'autoritarisme dont l'Église, dont il était désormais le chef, avait été jusqu'alors revêtue. Et les derniers doutes qui pouvaient subsister ont disparu lorsqu'il s'est engagé, dans son discours inaugural, à respecter les dernières volontés de Paul VI, en adhérant aux directives du pape Jean sur la collégialité et la liturgie de la nouvelle messe – et cela, faut-il le souligner, alors qu'il devait être conscient de toutes les obscénités qui allaient s'ensuivre.

Lorsqu'il fit cette annonce, Wojtyla se tenait devant un autel de fortune qui, comme le cercueil de Paul VI, était dépourvu de tout signe religieux sous la forme d'un crucifix ou d'une croix.

D'autres indications sur ce que l'on pouvait attendre du nouveau pape ne tardèrent pas à suivre. Dans sa première encyclique, il loua Paul VI pour avoir révélé « le vrai visage de l'Église ». Il parla dans le même sens du Concile Vatican II qui avait donné « une plus grande visibilité au sacrifice eucharistique » et s'engagea à suivre et à promouvoir le renouveau de l'Église « selon l'esprit du Concile ».

Une déclaration ultérieure qualifiait ce concile de « plus grand événement ecclésiastique de l' e de notre siècle » ; il restait désormais à garantir l'acceptation de la mise en œuvre du concile Vatican II conformément à son contenu authentique. Pour ce faire, nous sommes guidés par la foi... Nous croyons que le Christ, par l'intermédiaire du Saint-Esprit, était avec les Pères conciliaires, que l'Église contient, dans son magistère, ce que

« l'Esprit dit à l'Église, en le disant en même temps en harmonie avec la tradition et selon les exigences posées par *les signes des temps* » (c'est moi qui souligne).

Sa remarque sur l'harmonie avec la tradition était en contradiction flagrante avec son aveu que « la liturgie de la messe est différente de celle que l'on connaissait avant le Concile. Mais » (ajoutait-il de manière significative) « nous n'avons pas l'intention de parler de ces différences ». Il était essentiel, selon l', de renouveler l'Église, dans sa structure et dans sa fonction, pour la mettre en accord avec les besoins du monde contemporain ; et de là, il n'y avait qu'un pas pour Wojtyla pour mettre l'accent sur les principes révolutionnaires de 1789, avec la glorification de l'homme, l'homme libéré, comme un être qui se suffit à lui-même. L'homme était le seul idole digne de la vénération des hommes sur terre, sa stature étant confirmée et classifiée par les droits de l'homme.

Cette croyance terrestre quelque peu confuse a inspiré tous les mouvements de gauche depuis lors. Au mépris de l'autorité de la loi, on proclamait en Amérique que « la liberté est le fondement même de l'ordre politique ». Il y a quelques années, François Mitterrand, communiste et aujourd'hui président de la République française, déclarait que « l'homme est l'avenir de l'homme ». Il restait alors à Karol Wojtyla, sous le nom de Jean-Paul II, de consacrer cette croyance dans un cadre religieux moderne en déclarant que « l'homme est la question première de l'Église », une déclaration papale qui s'inscrit parfaitement dans le principe marxiste selon lequel « l'homme est une fin en soi et l'explication de toutes choses ».

Le pape passa ensuite de l'approbation verbale à une approbation plus active du système politique dont il était issu. Parlant de l'Église en Pologne, il déclara que ses relations avec le communisme pouvaient être l'un des éléments de l'ordre éthique et international en Europe et dans le monde moderne. Il a maintenu des relations amicales avec les occupants rouges de son pays et a jugé possible d'ouvrir une *détente* spirituelle avec eux. Dans cette optique, le ministre d'État communiste Jablonski, accompagné d'un cortège de camarades aussi important que celui de n'importe quel potentat de l'Est, a été reçu au Vatican. Puis est venu le ministre soviétique Gromyko, qui s'est vu accorder plus de temps que prévu avec Sa Sainteté.

Il salua les guérilleros entre deux combats pour la « liberté » en Afrique et au Nicaragua. Son soutien moral les accompagnait. Il ouvrit la porte de son bureau au Mexicain José Alvarez, qui parcourait l'Amérique du Sud pour appeler les extrémistes à allumer les flammes de l'anarchie. Même les proches du pape ignoraient ce qui se passait entre eux. Il fut l'orateur vedette d'un congrès latino- -américain à Panama City, dont le thème n'était certainement pas religieux, puisque les organisateurs étaient le dictateur communiste, le général Torrijos, et le marxiste Sergio Mendez Areeo, de Cuernavaca.

Lorsqu'il s'est adressé à un groupe de réfugiés du Vietnam, du Laos et du Cambodge, l'attitude tiède du pape a été commentée par Robert Serrou, correspondant *du Paris Match*. Le pape avait bien sûr compatit avec son auditoire, mais pourquoi, demandait Serrou, n'avait-il pas même mentionné la terreur rouge à laquelle ils avaient échappé ?

Compte tenu de cette absence de condamnation de la tyrannie, il est remarquable que l'une des rares critiques formulées par Jean-Paul II ait été dirigée contre les catholiques qui déplorent le démantèlement progressif de l'Église depuis Vatican II : « Ceux qui restent attachés à des aspects accessoires de l'Église, qui étaient plus valables dans le passé mais qui ont maintenant été dépassés, ne peuvent être considérés comme fidèles. »

Son orthodoxie en matière d'enseignement du catholicisme et de ses relations avec les autres religions a également été remise en question. Il est banal, mais ce n'est pas déprécier l'islam, de souligner que la tradition fataliste arabe, avec son refus de la divinité du Christ et de la rédemption, est très éloignée des fondements de la foi chrétienne. Pourtant, le pape a déclaré à un auditoire musulman que leur Coran et la Bible étaient en harmonie. Et dans un registre plus décontracté, s'est-il plié à l'esprit mécaniste de notre époque lorsqu'il a déclaré à un rassemblement d'automobilistes qu'ils devaient prendre autant soin de leur voiture que de leur âme ? Ou était-ce un lapsus qui a fait passer l'importance accordée aux voitures avant celle des âmes ?

Une des lettres du pape, datée du 15 septembre 1981, sur le sujet de la propriété privée et du capitalisme d', montre une contradiction marquée et un éloignement par rapport à l'enseignement de l'Église. Car dans cette lettre, il dit : « La tradition chrétienne n'a jamais soutenu le droit à la propriété privée comme absolu et intangible. Au contraire, elle a toujours compris ce droit comme commun à tous pour utiliser les biens de toute la création. »

C'est tellement faux et tellement contraire à ce qu'ont dit tous les papes, de Léon XIII à Pie XII, qu'on est tenté de donner raison aux critiques transatlantiques[28], qui traitent sans détour Karol Wojtyla de menteur et ajoutent : « Romps avec l'Église, Charlie ! »

Car je cite ici Léon XIII : « Les socialistes s'efforcent de détruire la propriété privée et soutiennent que les biens individuels doivent devenir la propriété commune de tous, administrée par l'État ou par des organismes municipaux... C'est injuste, car cela priverait le possesseur légitime, introduirait l'État dans un domaine qui ne lui appartient pas et causerait une confusion totale dans la communauté. »

Léon a poursuivi en disant qu'un homme travaille pour acquérir des biens et les conserver comme sa propriété privée. « Car tout homme a le droit naturel de posséder des biens propres. C'est l'un des points qui distinguent l'homme de la création animale... L'autorité de la loi divine ajoute sa sanction en nous interdisant sous peine de la plus grave sanction même de convoiter ce qui appartient à autrui. »

---

[28] Les éditeurs de Veritas, un bulletin d'information orthodoxe. Louisville, Kentucky, États-Unis.

D'après Pie XI : « La fonction première de la propriété privée est de permettre aux individus de subvenir à leurs propres besoins et à ceux de leur famille. »

Et de Pie XII : « L'Église aspire à ce que la propriété privée devienne, conformément aux desseins de la sagesse divine et aux lois de la nature, un élément du système social, un stimulant nécessaire à l'entreprise humaine et un stimulant pour la nature, tout cela pour le bien des fins temporelles et spirituelles de la vie, et donc pour le bien de la liberté et de la dignité de l'homme. »

Et toujours du même pape : « Seule la propriété privée peut procurer au chef de famille la liberté saine dont il a besoin pour s'acquitter d' s qui lui sont assignées par le Créateur pour le bien-être physique, spirituel et religieux de sa famille. »

Parallèlement à ces proclamations, l'Église a mis en garde contre le libéralisme, qui aboutit au capitalisme, et contre le marxisme, qui prône l'abolition de la propriété privée.

La déclaration de Jean-Paul II peut donc être considérée comme extraordinaire par rapport à celles de nombre de ses prédécesseurs.

2.

Au cours de sa jeunesse à Cracovie, tant comme étudiant que comme jeune prêtre, Wojtyla a acquis un goût pour le théâtre qui ne l'a jamais quitté. Cela a commencé lorsqu'il a rejoint une troupe de théâtre scolaire, puis, pendant la guerre, lorsque la Pologne était occupée, ce qu'on appelle souvent un « théâtre clandestin », ce qui signifie que les répétitions et les représentations avaient lieu dans une pièce, parfois la cuisine d'un appartement, en secret et à la lueur d'une bougie.

« C'est à cette époque », raconte l'un de ses biographes,[29] « qu'il s'est épris d'une jeune femme » qui, dès lors, l'a suivi comme son ombre, à travers les rumeurs, les articles de journaux et les conversations des exilés polonais des deux côtés de l'Atlantique.

Les détails diffèrent parfois. La version la plus improbable, probablement inventée pour susciter la sympathie, est qu'elle travaillait contre les Allemands, qu'elle avait été découverte et fusillée. Une autre donne 1940 comme date marquant l'apogée de leur relation. Selon Blazynski, né en Pologne, le futur pape était populaire auprès des filles et « avait une petite amie stable ».

Son amour du divertissement s'étendait au cinéma et à des spectacles pseudo-religieux superficiels tels que Jesus *Christ Superstar*. Après une représentation de ce dernier, il s'est adressé pendant vingt minutes au public sur le thème de l'amour et de la joie. Il a encouragé les adolescents à hurler et à gratter sans but leurs guitares qui, au nom de l'accompagnement populaire, rendent aujourd'hui insupportables pour beaucoup les messes d'.

---

[29] George Blazynski dans John Paul II (Weidenfeld et Nicolson, 1979). Certains des incidents relatés ici sont tirés de cet ouvrage.

Dans le même esprit, il invita l'évangéliste américain de renom, Billy Graham, à prononcer l'un de ses sermons enflammés dans l'église Sainte-Anne de Cracovie.

L'un des sujets abordés par le cercle dans lequel il évoluait était un livre de l'écrivain Zegadlowicz, qui avait été désapprouvé par l'Église en raison de son obsession pour le sexe ; tandis qu'un des premiers écrits de Wojtyla (traduit par Boleslaw Taborski et cité par Blazynski) contient des phrases telles que « L'amour emporte les gens comme une force absolue... Parfois, l'existence humaine semble trop courte pour l'amour ».

Le même thème revient dans le livre de Wojtyla, *Amour et responsabilité*, publié en 1960, qui, selon Blazynski, « n'ignore pas la réalité physique de l'homme et de la femme, et décrit en détail la physiologie et la psychologie du sexe - cette dernière souvent avec une grande perspicacité qui peut surprendre chez quelqu'un qui est aujourd'hui, après tout, un ecclésiastique célibataire ».

Même lorsque Wojtyla est devenu pape, le fantôme de la femme mystérieuse qui avait hanté ses années d'étudiant n'a pas disparu. Certains exilés polonais affirment l'avoir connue, et l'une des rumeurs les plus répandues est qu'elle s'appelait Edwige.

Quoi qu'il en soit, même les défenseurs de Wojtyla ne peuvent nier qu'il s'est intéressé à la sexualité humaine plus que n'importe quel pape depuis le Moyen Âge. De nombreux auditeurs d'un discours qu'il a prononcé à Rome ont été très gênés lorsqu'il s'est lancé dans des détails sur la luxure et la nudité du corps.

Certaines de ses propres déclarations ont donné aux agents de publicité une large marge de manœuvre pour les amplifier.

« Jeunes de France », s'est-il exclamé devant un public loin d'être mature à Paris, « l'union corporelle a toujours été le langage le plus fort que deux personnes puissent s'adresser l'une à l'autre ». Ces mots ont été qualifiés de parmi les plus stupéfiants jamais prononcés par un pape.

Lors de sa visite à Kisingani, en Zaïre, en Afrique, un correspondant de *Newsweek* a secoué la tête avec tristesse devant la manière dont le chef de l'Église romaine faisait fi des formalités. Dans une chaleur humide, et presque dès sa descente de l'avion, on l'a vu « souriant, transpirant, se balançant et tapant du pied avec des danseuses ». Il a été photographié en train de regarder un groupe d'adolescentes en, vêtues de robes qui leur arrivaient bien au-dessus des genoux, exécuter une série de danses acrobatiques. Une autre photo a récemment été publiée, sur laquelle on le voit, à Castelgandolfo, regarder une jeune danseuse effectuer des pirouettes devant lui, la tête et le visage presque invisibles dans un tourbillon de sous-vêtements blancs.

Une pièce écrite par Wojtyla, *The Jeweller's Shop*, a été produite au Westminster Theatre en mai 1982. Décrite comme étant écrite dans un style ampoulé, le producteur espérait que la pièce « attirerait les spectateurs » ainsi que le public ecclésiastique.

Son espoir pourrait bien se réaliser puisque la pièce, toujours selon *le Daily Telegraph* (28 avril 1982), « aborde le sujet improbable de la prostitution ».[30]

---

[30] Les critiques de théâtre anglais n'ont pas vraiment salué les efforts du pape en tant qu'auteur dramatique.

3.

Il n'est pas nécessaire que Jean-Paul II s'engage profondément dans les différences au sein de l'Église résultant du concile Vatican II. On dit qu'il marche avec une rose à la main, c'est-à-dire jusqu'à ce que les premiers acquis de Jean XXIII et Paul VI soient consolidés. La fierté d'autrefois concernant la seule véritable Église s'est transformée en une reconnaissance molle de « ces jours œcuméniques ». La revendication de l'autorité papale, qui a cédé la place à l'idée d'un partage du pouvoir avec les évêques, restera peut-être encore quelque temps dans les textes de l'Église, mais la force de son origine divine a été affaiblie ; et les autels, qui ont toujours été le signe de « tous les dieux », ont été démolis.

Malgré cela, la prochaine phase de l'attaque contre l'Église, venue de l'intérieur, a dépassé le stade préparatoire et est déjà en cours. Elle sera probablement moins spectaculaire que les déprédations précédentes. Le mot « révision » sera plus souvent entendu que « changement ». Les églises ne seront plus utilisées comme terrains de jeu amoureux. Cependant, ce qui ressortira des réunions du Synode de l', au Vatican, entre plus de soixante-dix cardinaux et évêques, sera probablement, à long terme, tout aussi dévastateur que les innovations qui ont désormais été acceptées comme normes par un public largement inconscient et peu critique.

Parmi les sujets qui ont été abordés, on sait que le mariage et l'avortement ont été discutés ; et des prélats tels que le cardinal Felici sont suffisamment rationnels pour admettre que ces questions, ainsi que d'autres questions similaires, ont été pratiquement tranchées d'avance. Les annulations de mariage, dépouillées d'une grande partie de leur formalité initiale, seront facilitées. La menace d'excommunication sera levée pour les femmes qui avortent et, signe encore plus sérieux de concessions importantes à venir, le nombre d'articles du droit canonique sera réduit de 2414 à 1728.

Mais ces considérations ne pèseront guère sur ceux qui seront impressionnés par la visite du pape dans ce pays en mai 1982. Le pouvoir de l'International Management Group de M. Mark McCormack a été invoqué pour assurer la même publicité au pape qu'il a si habilement assurée aux golfeurs, aux joueurs de baseball et aux joueurs de tennis, tandis qu'une société de consultants en affaires, Papal Visits Limited, apportera un soutien promotionnel supplémentaire.

L'instinct dramatique éprouvé de Jean-Paul II entrera sans doute en jeu lorsqu'il distribuera ses bénédictions depuis un véhicule vitré, avançant lentement entre des kilomètres de barrières, de tribunes, de chapiteaux et de plateformes réservées à la presse, sur un tapis décoré de milliers de plantes, jusqu'à l'endroit où trois croix, dont la plus haute mesure cent vingt pieds (non, M. McCormack, le Calvaire n'était pas comme ça), s'élèvent au-dessus d'un autel en acier et en toile.

Après la messe, les fidèles pourront repartir avec un tournevis sur lequel est collé un autocollant représentant la tête du pape. Tous les préparatifs de la visite seront entre les mains expertes de l'archevêque Marcinkus, qui s'est manifestement débarrassé de la réputation quelque peu douteuse qui lui collait à la peau à Rome.

Appendice

La mort étrange de Roberto Calvi

Après les bouleversements causés par l'effondrement de l'empire financier de Michele Sindona et les révélations concernant l'appartenance à la loge maçonnique Propaganda 2, Rite Oriental, le Vatican a connu un troisième embarras lorsque, le 18 juin 1982, le corps du banquier Roberto Calvi a été découvert pendu à un échafaudage sous le pont Blackfriars.

Calvi avait été président de la plus grande banque privée italienne, l'Ambrosiano, qui avait repris une grande partie des actifs de Sindona. Parfois surnommé « le banquier de Dieu » en raison de ses liens étroits avec les finances du Vatican (la banque du Vatican était un actionnaire important de l'Ambrosiano), il avait été mis en examen en mai de la même année pour plusieurs chefs d'accusation, notamment des transactions illégales de devises.

Il avait disparu de Rome et était arrivé à Londres, où il avait trouvé refuge au Chelsea Cloisters, le 15 juin. C'était un homme effrayé, accablé par des secrets liés à lui-même et à la banque du Vatican, qu'il valait mieux ne pas trop approfondir. Certains de ceux qui avaient tenté de le faire avaient été soudainement démis de leurs fonctions, d'autres avaient été emprisonnés sur la base de fausses accusations, et au moins une fusillade avait eu lieu pendant l'enquête.

Pendant l'absence de Calvi, sa secrétaire, qui travaillait à la banque depuis trente ans, a écrit une note maudissant Calvi, puis s'est jetée, selon les autorités, du quatrième étage du siège de la banque à Milan.

À Londres, Calvi traitait son chauffeur comme un garde du corps. Il s'était arrangé avec un ami pour qu'il appelle régulièrement à son appartement et, à l', frappe trois fois à la porte pour entrer. Il s'était également rasé la moustache qu'il portait depuis des années.

Mais bien que peu enclin à quitter son appartement, Calvi aurait néanmoins marché six kilomètres dans la nuit ou tôt le matin pour se suicider dans le quartier improbable de Blackfriars.

La mention de cet endroit appelle quelques commentaires, ainsi qu'un rappel que les sociétés secrètes accordaient une grande importance à l'association et aux symboles. Blackfriars était le site du couvent et de l'église de l'ordre dominicain, dont les membres avaient acquis le nom de Black Friars (frères noirs) en raison de leur habit. Ils étaient, et sont toujours, connus sous le nom d'ordre des Prêcheurs. À ce titre, ils ont généralisé l'usage de la chaire, qui figure dans la maçonnerie du pont Blackfriars. Et les membres de la loge P2, dont Calvi était le numéro 0519, s'habillaient en Black Friars, avec une tunique blanche, une cape noire et une capuche, pour leurs réunions rituelles.

Un *jury* d'enquête, soutenu par Scotland Yard, a conclu que Calvi s'était suicidé, un verdict qui a suscité des sourcils froncés et des sourires incrédules parmi ses proches, la presse italienne et la police. Car cela impliquait que Calvi, qui était âgé de soixante-deux ans, avait fait preuve de la dextérité d'un jeune athlète pour trouver, comme l'a déclaré le procureur de Rome, un moyen compliqué de mettre fin à ses jours.

Dans l'obscurité, sur un terrain totalement inconnu, il avait rempli ses poches de gravats, négocié une longue échelle et des planches humides séparées de plusieurs mètres, saisi un morceau de corde détrempée, attaché une extrémité à son cou et l'autre à un échafaudage, puis s'était jeté dans le vide. Pourquoi se donner tant de mal, alors que parmi ses effets personnels ont été retrouvés des seringues médicales, sept boîtes de comprimés et 170 pilules de différentes sortes, dont beaucoup auraient pu faire l'affaire plus facilement ?

Mais là encore, l'influence obscure, quelque peu bizarre, mais sinistre de la P2 et d'autres sociétés secrètes entre en jeu. L'initiation d'un candidat à l'art comprend souvent le serment de ne révéler aucun de ses secrets. S'il venait à manquer à son serment, il subirait une mort violente et serait ensuite enterré près de l'eau, à faible profondeur, à portée de la marée : selon la croyance, son fantôme, l', serait ainsi empêché de marcher, ce qui pourrait embarrasser ses meurtriers.

Cela s'appliquerait à Calvi, qui a très probablement été étranglé avant d'être emmené à Blackfriars, afin de s'assurer que les dangereux secrets en sa possession ne soient pas divulgués. En effet, après son mystérieux et maladroit « suicide », avant que son corps ne soit découpé, la marée de la Tamise recouvrait ses pieds.

Rien ne suggère que Calvi ait offensé ses frères maçons. Mais il subissait des pressions juridiques et nombreux étaient ceux qui craignaient que son vaste réseau financier ne soit mis au jour. Depuis le scandale Sindona, le Vatican était sur ses gardes contre de nouvelles révélations d', et lorsque les activités de la P2 ont été révélées au grand jour, il a pris une mesure surprenante et apparemment inutile.

La Congrégation pour la doctrine de la foi a rappelé aux catholiques que, conformément à l'article 2335 du droit canonique, ils avaient l'interdiction, sous peine d'excommunication, de devenir francs-maçons.

Il s'agissait là d'une simple mesure symbolique destinée à couper l'herbe sous le pied des détracteurs, car, comme le savent les lecteurs de ces pages, certains des principaux prélats du Vatican étaient des francs-maçons confirmés. Mais cette décision reflétait l'inquiétude qui régnait au Vatican. Deux cardinaux, Guerri et Caprio, avaient travaillé main dans la main avec Sindona, dont la chute avait révélé au grand jour l'existence de la P2 et ses transactions louches. Umberto Ortolani, membre éminent de la loge, était connu pour ses liens étroits avec le Vatican.

Mais le nom le plus important qui a émergé dans le scandale était celui de l'archevêque Marcinkus, qui entretenait entre autres relations non reconnues avec les milieux mafieux et avec Licio Gelli, ancien grand maître de la loge P2. Mais plus important encore, il était également président de la banque du Vatican, la banque la plus secrète et la plus exclusive au monde.

Marcinkus était également un ami et un associé de Calvi, et après avoir déclaré que « Calvi a notre confiance », il l'a prouvé en émettant une garantie, au nom de la banque du Vatican, pour couvrir certaines des importantes opérations de prêt de Calvi, qui portaient sur plusieurs millions d' s, dans le cadre d'un vaste programme monétaire comprenant des contrats internationaux de vente d'armes.

Mais alors que la tempête se préparait, Marcinkus retira sa garantie, bien que des preuves suffisantes aient alors été mises au jour pour justifier la conviction que les relations entre la banque du Vatican et la Banco Ambrosiano allaient bien au-delà de simples échanges commerciaux.

Le ministre du Trésor, Andreatta, a demandé au Vatican de se dévoiler et d'admettre son rôle dans la crise qui secouait le monde financier. Des voix s'élevèrent également pour demander que Marcinkus soit interrogé, tandis que des pressions étaient exercées sur le pape pour qu'il le démette de ses fonctions. Mais Marcinkus connaissait trop bien les secrets bancaires du Vatican pour que le pape risque de s'attirer ses foudres. De plus, il avait été nommé président de l'influente Commission des cardinaux et était donc en passe de devenir un prince de l'Église, une perspective qui le rendait indisponible pour des contacts délicats.

En effet, lorsque les commissaires se sont rendus au Vatican pour obtenir des informations sur la banque et les relations de Calvi avec celle-ci, Marcinkus était « absent ». Et lorsque des citations à comparaître (impliquant que les destinataires étaient soumis à un interrogatoire) adressées à Marcinkus et à deux de ses associés bancaires ecclésiastiques ont été envoyées par courrier recommandé au Vatican, l'enveloppe a été renvoyée sans avoir été ouverte.

Une admission quelque peu réticente de la responsabilité partielle du Vatican dans la faillite de la banque Calvi a été faite ce mois-ci (août 1982) par le cardinal Casaroli.

Pendant ce temps, l'archevêque Marcinkus, très controversé, dans son bureau situé à quelques pas de l'appartement du pape, manipule parfois le bilan de la banque de son défunt collègue et réfléchit aux mots qui concluaient ces états financiers : « Rendons grâce à Dieu ! »

Finale

« Vous êtes une mauvaise engeance, une racaille, un homme sans honneur. »

C'est ainsi qu'un prêtre irlandais m'accueillit un matin d'avril, par un temps vif. Il avait lu dans un manuscrit une grande partie de ce que j'ai écrit ici, et bien qu'il ne pût le réfuter, il pensait que je rendais un mauvais service à l'Église. C'était un homme grand, aux épaules larges, aux yeux tristes, qui brandissait un bâton noueux comme s'il s'agissait d'un gourdin.

Nous nous tenions dans l'ombre de Saint-Pierre, tandis que les volets du palais étaient encore fermés et que seuls quelques pas isolés résonnaient sur la place. Sa menace teintée d'humour contrastait avec la sérénité de *mes* sentiments.

Car il n'y a rien de plus doré au monde qu'un lever de soleil romain. La poussière d'or, qui illumine le passé plus sûrement que le présent, filtre à travers l'air et se dépose, comme une touche hésitante, sur la façade de Maderna avec ses lettres romaines audacieuses, transformant ses teintes brunes et ocres en or. Les grains de poussière, là où la première lumière les touche, se transforment en or qui touche la base de l'obélisque de Caligula et se brise en splendeur sur les pavés ; sur les statues des saints de la colonnade et sur la coupole qui s'use peu à peu jusqu'à devenir blanche ; sur l'espace devant la basilique entourée des colonnes géantes du Bernin, comme autrefois les légions entouraient les lances levées dans l'envie de la chose romaine ; l'eau des fontaines, chaque fois qu'une brise la trouble, tombe en gouttes d'or.

L'angle du bâton m'invitait à regarder vers la colline du Vatican. « C'est ainsi que l'aube se lèvera sur la ville, sur l'Église. Tu ne le crois pas ? »

Je ne fis qu'acquiescer à demi.

« Ce que tu as écrit passera, comme des vacances ou une fièvre qui s'éteint lentement. Mais la promesse qui a été faite à Pierre » – et il désigna la figure centrale de la colonnade – « ne passera pas. Elle ne peut pas passer. La fissure dans le Rocher sera comblée. L'aube reviendra. Tu ne le crois pas ? »

« Oui », acquiesçai-je, peut-être influencé par ses yeux tristes et le balancement de son bâton. « L'aube reviendra. »

Mais sera-ce un faux jour ?

Bibliographie

Benson, Mgr. R. H., *Lord of the World* (Pitman, *1907*).

Blazynski, G., *Pope John Paul II* (Weidenfeld et Nicolson, *1979*).

Carpi, Pierre, *Les prophéties du Pape Jean XXIII* (Jean Claude Lattes, *1976*).

Casini, Tito, *La dernière messe de Paul VI* (Instituto Editoriale Italiano, *1971*).

Cotter, John, *A Study in Syncretism* (Canadian Intelligence Publications, Ontario, *1980*).

Cristiani, Mgr. L., *Satan dans le monde moderne* (Barrie and Rockliff, *1961*).

Crowley, Aleister, *Confessions* (Bantam Books, États-Unis, *1971*).

Dem, Marc, *Il faut que Rome soit détruite* (Albin Michel, Paris, *1980*).

Disraeli, Benjamin, *Lothair* (Longmans Green, *1877*).

Eppstein, John, *L'Église catholique est-elle devenue folle ?* (Stacey, *1971*).

Fahey, Fr. Denis, *The Mystical Body of Christ in the Modern World* (Regina Publications, *1972*).

Fahey, Fr. Denis, *The Mystical Body of Christ and the Reorganisation of Society* (Regina Publications, *1978*).

Gearon, Fr. P. J., *Le blé et l'ivraie* (Britons Publishing Co., *1969*).

Kolberg, Theodor, *Der Betrug des Jahrhunderts* (Munich, *1977*).

Laver, James, *The First Decadent. J. K. Huysmans* (Faber, *1964*).

Levinson, Charles, *Vodka-Cola* (Gordon and Cremonesi, États-Unis, *1979*).

Martin, Malachi, *The Final Conclave* (Melbourne House, *1978*).

Martinez, Mary, *From Rome Urgently* (Statimari, Rome, *1979*).

Mellor, Alec, *Nos frères séparés* (Harrap, *1964*).

Miller, Fulop, *Le pouvoir et le secret des jésuites* (Owen, *1967*).

O'Mahoney, T. P., *The New Pope. John Paul I* (Villa Books, Dublin, *1978*).

Oram, James, *The People's Pope* (Bay Books, Sydney, *1979*).

Pinay, Maurice, *The Plot against the Church* (St. Anthony Press, *1967*).

Queensborough, Lady, *Occult Theocracy* (British-American Press, *1931*).

Rhodes, Henry, *La messe satanique* (Rider, *1954*).

Smith, Bernard, *The Fraudulent Gospel* (Foreign Affairs Publishing Co., *1977*).

Stoddart, Christina, *Les porteurs de lumière dans les ténèbres* (Boswell, *1930*).

Stoddart, Christina, *Trail of the Serpent* (Boswell, *1936*).

Symonds, John, *The Great Beast. The Life and Magic of Aleister Crowley* (Mayflower, *1973*).

Thierry, Jean Jacques, *Lettres de Rome sur le singulier trépas de Jean-Paul I* (Pierre Belfond, Paris, 1981).

Virebeau, Georges, *Prélats et Francs-magons* (Henri Coston, Paris, 1978).

Webb, James, *The Flight from Reason* (Macdonald, 1971).

Webster, Nesta, *Secret Societies and subversive movements* (Christian Book Club, http://ca.geocities.com/nt_351/webster/webster_index.html).

Williamson, Hugh Ross, *The Great Betrayal* (Tan Books, 1970).

Williamson, Hugh Ross, *La messe moderne* (Tan Books, 1971).

Wiltgen, Fr. R. M., *Le Rhin se jette dans le Tibre* (Augustine Press, 1979).

Autres titres

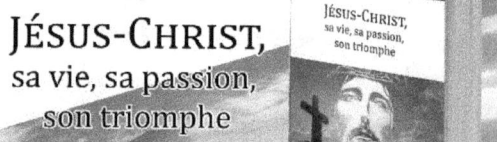

OMNIA VERITAS

OMNIA VERITAS LTD PRÉSENTE :

LE DIABLE POUR PÈRE

INTRODUCTION À LA QUESTION JUIVE

LA TRADITION CATHOLIQUE se fonde sur l'être, sur ce qui est immuable, sur l'acte. La FAUSSE CABALE au contraire, se fonde sur le devenir, sur le changement, sur l'évolution et sur le mythe du progrès à l'infini : Dieu n'est donc pas, mais Il devient ou se fait.

À quelle Tradition voulons-nous adhérer, à la luciférienne ou à la chrétienne ?

OMNIA VERITAS

Omnia Veritas Ltd présente :

LUCIFER & le Pouvoir Occulte

La judéo-maçonnerie, les sectes, le marxisme, la démocratie, synagogue de Lucifer & contre-église

Dans cette étude, il y a un principe fondamental, qui ne doit jamais être oublié sous peine de ne rien comprendre à l'histoire du monde...

Les bras de la pieuvre incarnant la Synagogue de Satan, c'est-à-dire la Contre-Église

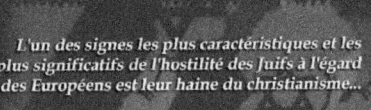

OMNIA VERITAS OMNIA VERITAS LTD PRÉSENTE :

LA TRACE DU JUIF À TRAVERS LES ÂGES

L'un des signes les plus caractéristiques et les plus significatifs de l'hostilité des Juifs à l'égard des Européens est leur haine du christianisme...

Il n'est donc pas surprenant que l'Église ait de plus en plus proscrit les œuvres juives

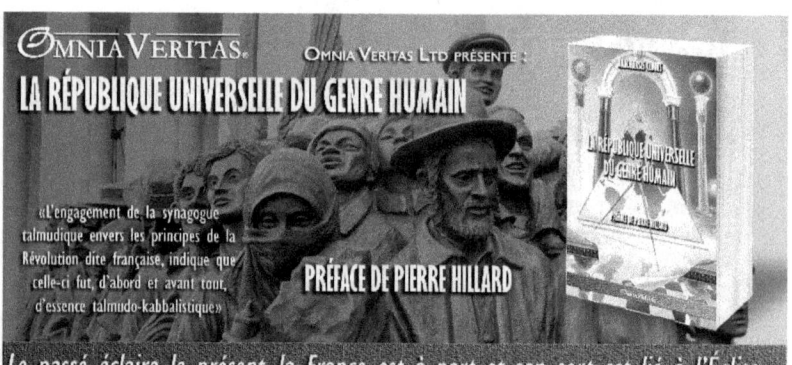

www.ingramcontent.com/pod-product-compliance
Lightning Source LLC
Chambersburg PA
CBHW050135170426
43197CB00011B/1849